DEIXE SEU CÉREBRO EM FORMA

DEIXE SEU CÉREBRO EM FORMA

Exercícios especiais para melhorar a memória
e aumentar a agilidade mental

Corinne L. Gediman e
Francis M. Crinella, Ph.D.

SEXTANTE

Título original: *Brainfit: 10 Minutes a Day for a Sharper Mind and Memory*

tradução
Marcos Santarrita

preparo de originais
Valéria Inez Prest

revisão
Luis Américo Costa, Sérgio Bellinello Soares e Sonia Peçanha

revisão técnica
Suzana Herculano-Houzel

adaptação de projeto gráfico e diagramação
DTPhoenix Editorial

capa
Miriam Lerner

pré-impressão
ô de casa

impressão e acabamento
Bartira Gráfica e Editora S/A

CIP-BRASIL. CATALOGAÇÃO-NA-FONTE
SINDICATO NACIONAL DOS EDITORES DE LIVROS, RJ

G264d Gediman, Corinne, 1949-
Deixe seu cérebro em forma / Corinne L. Gediman com Francis M. Crinella [tradução Marcos Santarrita]. – Rio de Janeiro: Sextante, 2008.

Tradução de: Brainfit
ISBN 978-85-7542-386-8

1. Mnemônica. 2. Inteligência. I. Crinella, Francis M. II. Título.

CDD: 153.14
08-1070 CDU: 159.953.4

Todos os direitos reservados por
GMT Editores Ltda.
Rua Voluntários da Pátria, 45 – Gr. 1.404 – Botafogo
22270-000 – Rio de Janeiro – RJ
Tel.: (21) 2286-9944 – Fax: (21) 2286-9244
E-mail: atendimento@esextante.com.br
www.sextante.com.br

Para meus pais, Harry e Laura Lille – eles me ensinaram que a vida é um dom precioso e a cultura, a janela aberta para um mundo rico e pleno de possibilidades.

Sumário

Prefácio

Temos cada vez mais livros, mais conteúdo na internet, mais jornais, mais gente, mais informação – e parece que a memória dá conta de cada vez menos. O que fazer para lembrar mais e esquecer menos?

Esqueça os remédios e os tratamentos miraculosos: a melhor maneira de ter uma boa memória é... usar a memória, como explicam os autores deste ótimo programa de exercícios. E é preciso todo um programa, mesmo, pois a memória não é uma só, e sim um conjunto de sistemas espalhados pelo cérebro. Existe uma memória instantânea, que nos permite lembrar do começo da frase que dissemos dois segundos atrás; uma memória de curto prazo e outra de longa duração; memória para rostos, nomes, lugares, circunstâncias e informações. Como recursos caros que são, cada uma delas precisa ser usada para ser mantida.

O cérebro, afinal, não é um computador. É bem melhor: aprende com a experiência; usa informações sobre o estado de funcionamento (o estado emocional) da máquina onde se encontra para avaliar as situações e tomar decisões; só faz melhorar com o uso, em vez de ficar obsoleto – e tudo isso operando com apenas 22kW de potência, bem menos energia do que a lâmpada do seu abajur precisa!

Como usar a memória para melhorá-la? Este livro oferece várias dicas preciosas para quem deseja exigir mais de sua memória e expandir suas capacidades – a começar pela constatação de que é preciso prestar atenção no que se deseja memorizar. Não é o mundo atual, informatizado, rápido e denso em informações que faz com que a memória se torne seletiva, roubando de tantas informações a possibilidade de serem registradas no cérebro. A memória é seletiva por definição, já que sua porta de entrada é um funil poderoso: a atenção, que concentra todo o poder operacional do cérebro em uma coisa só, aquela que for julgada a mais importante no momento. Uma vez que a informação esteja no foco da atenção, o fator que mais contribui para sua entrada na memória é a riqueza de associações – e como fazer essas associações e explorá-las a nosso favor é o objetivo principal dos exercícios propostos aqui. Os exercícios são divertidos, e muitos podem ser transformados em bons hábitos a serem adotados ao longo do dia. Seu cérebro certamente agradecerá na hora de encontrar o tíquete do estacionamento e a vaga em que você deixou o carro ou de lembrar o horário da reunião de amanhã.

Mas, se ainda assim você hesitar em confiar apenas na memória, pode sempre contar com um bom e velho recurso adicional, como dizem os próprios autores: papel e lápis, que sempre fazem você se lembrar de tudo o que precisa. Se você souber onde os colocou, é claro...

Suzana Herculano-Houzel
Neurocientista, professora da UFRJ e
autora de *Fique de bem com seu cérebro*

Introdução

Algumas pessoas parecem ter a memória melhor do que outras. Além disso, existe a crença de que uma boa memória é um talento dado por Deus, e apenas a determinados indivíduos. Muitas vezes, ouvimos pessoas se queixando de que sua memória está fraca ou em declínio e sentimos por elas; mas, ao mesmo tempo, consideramos esse fato algo inevitável. Talvez seja você quem tem a memória mais fraca do que os outros e tenha passado a aceitar o estereótipo cultural de que, com o avançar da idade, ela só vai piorar. Nada se pode fazer para aprimorá-la? Será ela um traço hereditário imutável, como cabelos ruivos ou olhos azuis?

Em 1985, na Universidade da Califórnia, em Irvine, iniciamos uma grande pesquisa experimental para descobrir se a deterioração da memória com o passar dos anos era uma conseqüência inevitável do envelhecimento ou se é possível fazer alguma coisa para reverter esse processo – ou pelo menos desacelerá-lo. Centenas de idosos aposentados participaram de um programa de atividades diárias destinadas a melhorar a saúde mental e física, incluindo exercícios mentais considerados úteis na redução da perda de memória. Para nossa satisfação, quando voltamos a testar essas pessoas em 1990, constatamos que o programa de exercícios havia retardado o declínio das funções mentais, incluindo a memória. Em alguns casos, participantes de 75 anos apresentaram um desempenho melhor em uma série de jogos mentais do que cinco anos antes. Testes padronizados de memória revelaram uma diminuição no ritmo da degenerescência mental em algumas pessoas e até progresso em outras. Essa foi uma das primeiras experiências a demonstrar que a perda de memória não é uma conseqüência inevitável do envelhecimento. Como teria se dado essa sensacional recuperação? Sabemos agora que, mesmo no caso de idosos, ocorre um processo chamado "plasticidade neural" – o cérebro continua a mudar ou a remodelar-se para aprimorar o funcionamento mental –, e isso é válido até para quem tem 80 ou 90 anos.

A memória é a melhor prova da presença da plasticidade neural. Uma pessoa idosa, após ler o jornal da manhã, fica sabendo de algo que ignorava até então. Dependendo da importância da nova informação e do modo como é organizada nos bancos de memória do indivíduo, ela se manterá disponível para recuperação e uso. A plasticidade neural também é evidente quando não nos lembramos de uma informação antes conhecida, isto é, quando a esquecemos. Apagar um dado que já não é mais tão importante para nós ou algo que considerávamos verdadeiro e que no momento sabemos ser falso contribui para uma memória menos abarrotada e mais eficiente.

Quando iniciamos o programa de pesquisa com idosos, não tínhamos um esquema formal de treinamento da mente. Acreditávamos que a atividade mental melhorava a memória, mas ainda não havíamos criado um conjunto de exercícios mentais na base da experiência e erro – não havia nada semelhante ao programa Cérebro em Forma. Agora, com este livro, você tem à mão um conjunto sistematizado de exercícios – todos eles adaptados das mais avançadas pesquisas sobre a memória humana e cuidadosamente projetados e ordenados em seqüência para melhorar a memória e a agilidade mental.* Cada um dos exercícios foi formulado para desafiar o leitor, e seu formato é tal que esses desafios dão prazer. O resultado desse programa dependerá, é claro, do empenho e da aplicação da pessoa, porém não há dúvida de que, com um pequeno esforço, a memória e a agilidade mental irão melhorar.

– Francis M. Crinella, Ph.D.

* Grande parte dos exercícios deste livro foi adaptada do original para que o leitor pudesse lidar com tópicos pertinentes à realidade brasileira em termos de nomes e informações, bem como de sons da língua portuguesa. [*N. do E.*]

Capítulo um

Recuperando seu cérebro

"A mente é como um pára-quedas... só funciona quando se abre."
– ANÔNIMO

Um conto de fadas moderno

Imagine a Bela Adormecida e o Príncipe Encantado na meia-idade. Exibem os efeitos de uma discreta cirurgia plástica, adotam uma dieta com poucas calorias, freqüentam spas com regularidade e praticam pilates. Verificam o bom e o mau colesterol todo ano, tomam um cálice de vinho tinto por dia e submetem-se a massagens de vez em quando. Envelhecer bem é alta prioridade, e eles compreendem a importância de um estilo de vida saudável.

Toda manhã, fazem ao espelho mágico a célebre pergunta (com um toque do século XXI):

– Espelho, espelho na parede, existe no mundo um casal mais sarado do que este?

O espelho responde:

– Gente, vocês estão com uma aparência impressionante mesmo, mas posso sugerir uma PET, ou tomografia por emissão de pósitrons, para verificar o envelhecimento do seu cérebro? Afinal, de que adianta um corpo atraente e em forma se vocês não vão estar mentalmente presentes para aproveitá-lo, não é verdade?

Moral da história: não se esqueça de inserir a forma física do cérebro em sua estratégia antienvelhecimento.

À procura da fonte da juventude

Como disse o poeta americano Henry Wadsworth Longfellow, "a juventude só ocorre uma vez na vida". Se ainda fosse vivo, ele ficaria maravilhado ao ver como os progressos científicos do século XXI estão nos dando meios de rejuvenescer e viver bem até os 90 e muitos anos. A ciência e a medicina estão nos permitindo substituir partes doentes do corpo, transplantar cabelos, revitalizar a libido, além de esticar, levantar e cortar qualquer coisa que despenque. Mas permanecer jovem não é apenas uma questão de forma física e saúde cardiovascular – é também uma questão de forma física cerebral. Para os que buscam a fonte da juventude, é hora de lutar por essa conquista na arena do antienvelhecimento. Antes de vestir a armadura de gladiador cerebral, porém, é bom que identifique o que vem fazendo a seu favor e contra você. Vamos começar entendendo como o cérebro envelhece.

Revelando o mistério do cérebro

Nos últimos anos, exploramos a superfície de Marte, mapeamos o genoma humano e clonamos ovelhas. Em contraste, os cientistas estão apenas começando a compreender os processos ligados ao envelhecimento do cérebro. Numerosos fatores, no entanto, estão se juntando e catapultando a neurociência (o estudo do cérebro e do sistema nervoso) para o primeiro plano da pesquisa médica. Um deles é o fato de as pessoas estarem vivendo mais, o que nos proporciona um número maior de cérebros com idade avançada para estudar e proteger. O período de vida médio é de 75 anos, 47 a mais do que em 1900. Cientistas predizem que, em meados do século XXI, a expectativa de vida pode ir muito além dos 90 anos. Paralelamente a esse fato desenvolvem-se tecnologias de imagem, como a RM (ressonância magnética) e a PET, que permitem explorar as superfícies do cérebro já afetado pelo envelhecimento e detectar minúsculas mudanças em sua anatomia.

O que estamos aprendendo sobre o envelhecimento cerebral derruba velhos mitos e abre novos caminhos de pesquisa e tratamento. Até bem pouco tempo, o envelhecimento do cérebro era atribuído à perda contínua de células cerebrais (neurônios) por um processo biológico natural chamado apoptose, ou suicídio celular. Segundo Will Block, editor e diretor da revista *Life Enhancement*, "dos nossos cerca de 100 bilhões de neurônios perdemos (...) permanentemente (...) em torno de 100 mil por dia".[1] Há apenas uma década, a teoria predominante sobre o envelhecimento cerebral se baseava na premissa de que a inevitável perda de neurônios durante a vida resultaria num progressivo declínio mental e, por fim, na senilidade. Os cientistas agora sabem que isso não é verdade. Na realidade, não é o número de células cerebrais que temos, e sim a saúde das células existentes, que determina a resistência do cérebro.

Estudos mais recentes sugerem que as placas e os emaranhados que começam a se aglomerar no cérebro no fim da casa dos 20 anos podem ser um fator crítico no envelhecimento cerebral. O Dr. Gary Small descreve esse fenômeno no livro *The Memory Bible* (A bíblia da memória): "O sutil e gradual envelhecimento do cérebro tem início com minúsculas placas e emaranhados que se acumulam ali durante décadas antes de um médico reconhecer os sintomas... Na verdade, esses elementos começam a se formar tão cedo que as tênues mudanças ocorridas na memória e na linguagem passam despercebidas e são ignoradas por muito anos."[2]

Embora o acúmulo de placas e emaranhados seja reconhecidamente um fator que concorre para o envelhecimento cerebral, novas pesquisas indicam que essas formações podem ser apenas a ponta do iceberg quando se trata de compreender não só o declínio das funções cerebrais causado pela idade como sua reversão. Segundo novos estudos, citados no artigo "The Aging Brain" (O cérebro que está envelhecendo), publicado na revista *USC Health*, a raiz do envelhecimento cerebral está nas complexas interações químicas que ocorrem nesse órgão ao longo dos anos, assim como em processos inflamatórios associados ao avanço da idade.[3]

A maioria das teorias sobre esse tema disputa atenção e verbas, porém em dois pontos os cientistas parecem concordar: o declínio cognitivo não se deve à perda natural de neurônios e o mistério do envelhecimento cerebral exigirá muitas gerações de especialistas para ser desvendado.

O espantoso cérebro

Uma das descobertas mais extraordinárias das pesquisas nesse campo é a confirmação de que o cérebro é um órgão dinâmico, capaz de refazer conexões e se adaptar continuamente, mesmo na velhice. Seus miraculosos poderes de regeneração se revelam tanto na formação de novas células quanto na expansão de novas ligações entre os neurônios. Elizabeth Gould, pesquisadora da Universidade Princeton, relatou em um estudo de 1999 sobre macacos que o cérebro do primata adulto produz neurônios novos que se incorporam ao neocórtex – o centro de pensamento do cérebro.[4] Num artigo publicado em 2002 no jornal *Nature Neuroscience*, Pasko Rakic e David Kornack declararam ter localizado novas células cerebrais na região do hipocampo, que é associada ao aprendizado e à memória.[5]

Talvez os dados mais promissores sejam aqueles que indicam que a escolha do estilo de vida pode acelerar ou reduzir o ritmo do envelhecimento do cérebro. Há também outros estudos de particular interesse confirmando que desafiar o cérebro cedo e constantemente cria reservas cognitivas e estimula os processos regenerativos desse órgão. Em *Mozart's Brain and the Fighter Pilot* (O cérebro de Mozart e o piloto de caça), o Dr. Richard Restak explica assim o efeito do estímulo mental na saúde cerebral: "Durante toda a nossa vida, o cérebro mantém um alto grau de plasticidade, isto é, muda em resposta às experiências. Se elas são ricas e variadas, esse órgão cria um número maior de conexões entre células nervosas. Se são entediantes e raras, as ligações ou nunca se formam ou se extinguem."[6] Exercitando regularmente as funções mentais, podemos ter um cérebro mais forte e mais saudável.

A memória se modifica com a idade

Como a maioria de nós não tem acesso a caros equipamentos de exame do cérebro, devemos contar com medições mais subjetivas do seu envelhecimento. A mudança que ocorre na memória é um dos primeiros sinais desse processo nos adultos saudáveis. Na verdade, a memória atinge o máximo da sua capacidade quando chegamos ao fim da casa dos 20 anos de idade. Assim, se você já está tendo aqueles esquecimentos eventuais, saiba que não é o único. Um estudo da Bruskin/Goldring Research ouviu médicos sobre a perda de memória. Mais de 80% deles disseram que seus pacientes com mais de 30 anos se queixavam desse problema. Outro estudo, da Dana Foundation, revelou que quase 7 entre 10 adultos se preocupam com o declínio da memória.[7]

Saber que não somos os únicos a enfrentar essa limitação não é necessariamente reconfortante. Com a ameaça do mal de Alzheimer no horizonte, a maioria das pessoas quer saber se suas falhas de memória se encaixam no espectro normal. A não ser que você faça parte da minoria de indivíduos que sofrem de uma doença cerebral, as mudanças de memória que está sentindo são perfeitamente normais. Num artigo da revista *Newsweek*, o Dr. Fergus Craik, do Rotman Research Institute, explica as mudanças de memória da seguinte forma: "Os processos da memória não se perdem com a idade (...) O mecanismo não se desfaz, apenas se torna ineficiente."[8] Ao envelhecermos, notamos que essa ineficiência envolve as lembranças recentes, e não as distantes, do passado, segundo o Dr. Gary Small.[9]

Ainda assim, é útil termos linhas mestras gerais com as quais avaliar o que é normal e o que não é. Veja a seguir relações de tópicos que mostram a abrangência da perda de memória – de normal a severa – tanto em pessoas de meia-idade quanto em idosos.[10]

Sinais do início da perda de memória, geralmente normal

- Dificuldade ocasional de encontrar a palavra certa.
- "Branco" em relação ao nome de um conhecido ou colega.
- Esquecimento temporário de onde colocou as chaves ou a carteira.
- Esquecimento momentâneo de qual é o dia da semana.
- Esquecimento de desligar o fogão uma ou duas vezes.
- Esquecimento de um item de uma lista de afazeres.
- Esquecimento eventual de um encontro ou compromisso.
- Sensação de desorientação num shopping center muito grande.
- Não reconhecimento de alguém que se conheceu há muito tempo.

Sinais de perda severa de memória

- Dificuldade de se lembrar do nome de objetos comuns.
- Dificuldade de entender palavras.
- Uso de palavras inadequadas em lugar de outras, o que torna as frases incompreensíveis.

- Fazer a mesma pergunta repetidas vezes.
- Colocar objetos em lugares impróprios, como guardar um ferro de passar roupa no congelador e não se lembrar de como ele foi parar ali.
- Não saber a data, a hora ou o ano.
- Usar roupas inadequadas, como um casaco de inverno num dia quente de verão.
- Esquecer repetidas vezes compromissos importantes.
- Perder-se na própria rua.
- Não saber onde está nem como chegou ali.

Outras mudanças ligadas à perda severa de memória

- Rápidas alterações de humor e irritabilidade sem motivo aparente.
- Mudanças extremas de personalidade, como passar de um comportamento em geral calmo e aberto para outro desconfiado e amedrontado.
- Incapacidade de realizar tarefas domésticas comuns, como arrumar a mesa.
- Incapacidade de realizar tarefas que envolvem cálculos simples, como o balanço dos cheques.
- Confusão visível e inexplicável em casa ou no trabalho.

A boa forma do pescoço para cima

Se você está lendo este livro, há uma excelente possibilidade de que ver os tópicos dessas listas lhe dê uma sensação de alívio: "Afinal, estou bem." Ainda assim, os cientistas concordam que é mais fácil preservar a memória e a agilidade mental do que tentar readquiri-las. Pense nisso da seguinte forma: você esperaria até não ser mais capaz de erguer sua valise e colocá-la no bagageiro do avião para só então iniciar um programa de aumento da massa muscular? Claro que não – então por que aguardar até que as células cerebrais se atrofiem para começar a exercitar o cérebro? Ele não pode fazer isso sozinho. Precisa da sua ajuda. Escolher ter um cérebro saudável é optar por um estilo de vida. Embora a maioria das pessoas compreenda que há uma correlação entre manter a forma física e viver mais e com mais saúde, poucas ampliam esse conceito e se preocupam com o bom condicionamento do pescoço para cima. A maior parte delas concordaria, porém, que a qualidade de vida depende inteiramente do funcionamento saudável do cérebro. De que adianta termos uma vida longa se nossas capacidades mentais estão se esfarelando?

Os cientistas e profissionais da área médica estão alertando sobre a necessidade de cuidarmos da saúde cerebral. Nos Estados Unidos, a Alzheimer's Association observa num anúncio de rádio: "Continue ativo, coma comida saudável e faça da saúde cerebral uma prioridade pessoal e nacional." O recado é claro. Está na hora de levar a "ginástica para o cérebro" tão a sério quanto o exercício físico e a dieta saudável. Podemos influenciar a saúde desse órgão com um programa planejado de "aeróbica cerebral". A escolha é nossa. Ou ficamos sentados esperando que a genética jogue a nosso favor ou começamos a exercer já um papel ativo no desenvolvimento e na proteção desse órgão.

Quais são os melhores exercícios para deixar o cérebro em forma?

O cérebro progride com novidades, portanto os melhores exercícios para deixá-lo saudável e em forma são os que nos fazem pensar de maneiras novas e prazerosas. Não importa quanto um exercício seja bom; caso se torne chato e rotineiro, provavelmente não o faremos com a freqüência recomendada. Quantos de nós têm aparelhos de ginástica acumulando poeira em casa? Se você pretende praticar exercícios mentais e passatempos de forma regular, escolha os que forem estimulantes e divertidos. Os melhores exercícios para a boa forma e a saúde do cérebro incluem os seguintes critérios:

1. Forçam você a pensar enquanto os pratica
   - montar aeromodelos
   - responder a perguntas de programas de televisão
   - criar receitas
   - fazer palavras cruzadas ou montar quebra-cabeças

2. Desafiam você a fazer coisas rotineiras de um modo diferente
   - escolher um novo caminho na volta do trabalho para casa
   - escovar os dentes com a outra mão
   - comer com pauzinhos

3. Incluem níveis progressivos de um novo aprendizado
   - aprender uma nova língua
   - adotar um novo passatempo
   - aprender a usar programas diferentes de computador
   - aprender ou reaprender a tocar um instrumento musical

4. Exigem novos modos de pensar
   - criar um poema rimado
   - construir uma escultura de areia
   - pintar um quadro
   - escrever suas memórias
   - ler um novo gênero de livro (por exemplo, biografias em vez de ficção)

5. Envolvem desafio cinestésico
   - tênis, pingue-pongue, atividades na piscina
   - andar de bicicleta
   - criar arte com pintura, poesia ou marcenaria
   - dança de salão

6. São socialmente interativos
   - jogar baralho
   - participar de debates
   - realizar trabalhos voluntários
   - freqüentar aulas numa faculdade da comunidade
   - assistir a uma peça teatral ou a uma palestra com amigos

7. Incluem exercícios aeróbicos, que bombeiam sangue e importantes nutrientes para o cérebro
   - andar rápido (praticar jogging)
   - caminhar ou correr numa esteira
   - exercitar-se no *transport*

- nadar
- praticar *spinning* ou ginástica aeróbica
- fazer polichinelos

Como funciona o programa Cérebro em Forma?

Esse é um programa de exercícios dirigidos que se destina a colocá-lo rapidamente no caminho da boa forma cerebral. Na sua criação, usamos o modelo do treinamento em circuito, um dos mais eficazes na área de condicionamento físico. Esse tipo de treinamento consiste em uma série de exercícios ordenados seqüencialmente (em estações) que são executados sem interrupção, por cinco ou 10 minutos cada um, intercalando-se estações cardiovasculares e de musculação. Atribui-se a imensa popularidade do treinamento em circuito ao desejo que as pessoas têm de realizar um programa completo de atividade física que também seja rápido, divertido e eficaz.

Estação	**Foco**
Criando memórias	Exercícios para as memórias recente e de longo prazo
Cultivando a atenção, a imagem e o significado	Exercícios usando os princípios fundamentais da memória
Lembrando quem	Exercícios para lembrar-se de nomes
Lembrando o quê	Exercícios para lembrar-se de tarefas a fazer
Lembrando quanto	Exercícios para lembrar-se de números importantes
Lembrando quando	Exercícios para lembrar-se de compromissos e ocasiões especiais
Lembrando onde	Exercícios para lembrar-se de direções e para encontrar objetos
Agilidade mental – lado esquerdo do cérebro	Exercícios de desafio verbal
Agilidade mental – lado direito do cérebro	Exercícios de desafio visual e espacial

O programa Cérebro em Forma atua como um professor de Educação Física que orienta você nos exercícios, proporcionando feedback e ajudando-o a avaliar seu progresso. Suas características especiais incluem treinamento diário, avaliações de agilidade mental e de memória, dicas para uma vida saudável e um plano de ação para o estilo de vida.

Dicas para um treinamento bem-sucedido

É normal encarar o treinamento para a boa forma e a saúde do cérebro com um pouco de ansiedade. Portanto, veja algumas dicas que o ajudarão a tornar essa atividade ao mesmo tempo produtiva e divertida.

1. Relaxe e divirta-se. O treinamento para deixar o cérebro em forma não é um teste e não se marcam pontos. Você sabia que preocupação e estresse realmente interferem nos processos mentais?
2. Aprendendo e seguindo esse programa, você desafia o cérebro. E, quando isso acontece, as células cerebrais começam a disparar mensagens entre os neurônios existentes, o que por sua vez fortalece as conexões neurais. Em outras palavras, o simples fato de seguir o programa torna o cérebro mais forte e você, mais esperto. Você sairá ganhando, haja o que houver.
3. Não espere ter uma memória perfeita. Os seres humanos se esquecem das coisas de vez em quando. Você gostaria mesmo de se lembrar de cada uma das informações que vê pela frente? É melhor escolher as coisas importantes a registrar e deixar o resto de lado.
4. Concentre-se naquilo de que você *pode* se lembrar, e não no que não pode. Não seja muito exigente consigo mesmo. Ao contrário, sinta-se bem com seus feitos mentais.
5. Os exercícios do programa Cérebro em Forma são do tipo "ponha a mão na massa" e interativos, por isso tenha lápis ou caneta por perto.
6. Para conquistar o máximo de melhorias, siga a progressão estabelecida das estações e faça todos os exercícios semanais.
7. Vá com calma. É melhor concentrar-se numa estação por semana. Isso lhe dará oportunidade de praticar novas habilidades e garantir melhorias no condicionamento do cérebro antes de passar para a estação seguinte.

8. Pratique a nova agilidade mental e de memória e incorpore-a na vida diária. Use-a regularmente. Progressos expressivos exigem dedicação e comprometimento.
9. Lembre-se de que não há pílula mágica. A boa forma do cérebro e o fortalecimento da memória fazem parte de uma estratégia antienvelhecimento constante que promete a você e a seus entes queridos uma melhor qualidade de vida.
10. Comemore suas conquistas.

Realizando a avaliação inicial

Antes de começar um programa de condicionamento físico, é importante realizar uma avaliação inicial dos seus pontos fortes e daqueles em que precisa melhorar. Esse procedimento é útil de duas maneiras: proporciona um meio de mensurar os ganhos e ajuda a identificar as áreas de memória e de agilidade mental que necessitam de mais atenção durante os exercícios. Quando se trata de analisar a memória, profissionais da área médica empregam avaliações subjetivas e objetivas. Para as apreciações da agilidade mental, eles preferem usar as avaliações objetivas. As subjetivas podem ser auto-administradas, enquanto as objetivas costumam ser aplicadas e classificadas por outras pessoas. Para que possa atender os objetivos do nosso programa, você classificará todas as suas avaliações.

O programa Cérebro em Forma incorpora tanto pré-avaliações quanto pós-avaliações. As três pré-avaliações apresentadas a seguir o ajudarão a classificar sua memória e sua agilidade mental. No capítulo onze, você será orientado a realizar três pós-avaliações para estimar as melhorias obtidas em ambas.

Pré-avaliação subjetiva da memória[11]

As avaliações subjetivas baseiam-se na maneira como vemos se estamos indo bem em relação a funções específicas da memória. A maioria das pessoas percebe as mudanças que a memória sofre com o tempo e é capaz de responder às avaliações subjetivas com um bom nível de autoconhecimento. No entanto, muitos fatores afetam a precisão desse tipo de análise. Os preocupados crônicos tendem a classificar-se mais baixo do que os eternos otimistas. As pessoas com educação superior costumam se dar uma pontuação mais alta do que as que têm um nível de escolaridade inferior. Além disso, as avaliações da memória precisam ser ajustadas por idade. Os idosos têm mais problemas nessa área do que os jovens, portanto as pontuações devem ser estabelecidas da forma adequada. Finalmente, é necessário levar em consideração se os problemas de memória estão ocorrendo por falta de atenção suficiente ou por mudanças verdadeiras. Uma das formas de tratar essas variáveis é fazer duas vezes a avaliação: uma no começo do programa e outra no fim. Assim, você pode medir seu progresso pessoal com base nos ganhos que obteve com a execução dos exercícios.

As categorias no teste subjetivo de memória seguem a progressão das estações do programa Cérebro em Forma. Também representam as áreas da memória com as quais a maioria das pessoas em geral se preocupa. A avaliação leva de 5 a 10 minutos. Como o teste se baseia em suas próprias percepções, deve ser concluído sem ajuda nem interferência de ninguém. Avalie sua memória com base na freqüência com que os tópicos relacionados a seguir representam um problema para você. Faça um círculo em torno do número (1 é ausência de problema e 7 um problema sério) que reflita melhor o julgamento que você faz da sua memória.

Com que freqüência estas questões representam um problema para você?

	ausência de problema						problema sério
Lembrar-se de quem							
Nomes de pessoas	1	2	3	4	5	6	7
Nomes de lugares (restaurantes, lojas, etc.)	1	2	3	4	5	6	7
Títulos (de livros, filmes, etc.)	1	2	3	4	5	6	7
Lembrar-se do quê							
Executar pequenas incumbências	1	2	3	4	5	6	7
Fazer trabalhos domésticos	1	2	3	4	5	6	7
Comprar algo no supermercado	1	2	3	4	5	6	7
Concluir uma tarefa	1	2	3	4	5	6	7
Lembrar-se de quanto							
Números de telefone usados com freqüência	1	2	3	4	5	6	7
Números pessoais importantes (RG, CPF, etc.)	1	2	3	4	5	6	7
Como fazer o balanço no talão de cheques	1	2	3	4	5	6	7

	ausência de problema						problema sério
Lembrar-se de quando							
Compromissos e encontros	1	2	3	4	5	6	7
Ocasiões especiais (aniversários, etc.)	1	2	3	4	5	6	7
Tomar remédios na hora certa	1	2	3	4	5	6	7
Lembrar-se de onde							
Onde colocou algo (chaves, controle remoto da TV, etc.)	1	2	3	4	5	6	7
Onde estacionou o carro	1	2	3	4	5	6	7
Endereços de lugares conhecidos	1	2	3	4	5	6	7
Lembrar-se em conversas							
Do que acabou de dizer	1	2	3	4	5	6	7
Se disse algo a alguém	1	2	3	4	5	6	7
Se alguém lhe disse algo	1	2	3	4	5	6	7
Encontrar a palavra certa	1	2	3	4	5	6	7

Interpretação da pontuação da avaliação subjetiva

Agora que você concluiu a pré-avaliação subjetiva da memória, é hora de interpretar as notas, que representam sua média de 1 a 7. Essa classificação é um ponto de partida e proporciona um meio de medir seu progresso. Além de marcar sua pontuação inicial, observe as categorias em que sente dificuldades específicas de memória. Elas serão suas áreas de foco no programa Cérebro em Forma.

Veja como funcionam os mecanismos de autopontuação:

1. Some todos os números em que colocou o círculo.
2. Divida o resultado dessa soma por 20 (o total desses itens).

Agora veja o que sua pontuação significa:

Pontuação	Interpretação
1	Você não sente problemas de memória
2-3	Você sente leves problemas de memória
4-5	Você sente problemas de memória moderados
6-7	Você sente grandes problemas de memória

Anote a classificação subjetiva, pois precisará dela no capítulo onze para avaliar os progressos da sua memória.

Pré-avaliação objetiva da memória[12]

Agora tente realizar uma pré-avaliação objetiva da memória. Você deve ler toda a lista de palavras apenas *uma vez*, concentrando-se em cada uma delas. Depois cubra esta relação e anote todos os itens dos quais conseguir se lembrar.

Prato	Grito	Rainha
Quilo	Quadril	Dança
Dobra	Presente	Camisa
Pilha	Maçãs	Passo

De quantas palavras conseguiu se lembrar? Anote o número. Esse resultado servirá como sua pontuação inicial na avaliação objetiva da memória. No capítulo onze, você fará a pós-avaliação objetiva da memória para verificar os progressos que obteve com a adoção do programa Cérebro em Forma.

Interpretação da sua pontuação na pré-avaliação objetiva da memória

Pessoas na faixa dos 18 aos 39 anos de idade são capazes de se lembrar de 10 palavras. As de 40 a 59 anos se recordam, em média, de 9 palavras; as de 60 a 69 anos, de 8; e as de 70 em diante, de 7. Não se preocupe se sua pontuação ficar abaixo da média – aplicando o programa, você certamente conseguirá aumentá-la. Guarde esse resultado junto com o da pré-avaliação subjetiva, pois precisará deles para fins de comparação no capítulo onze.

Pré-avaliação da agilidade mental

Os testes de agilidade mental se baseiam muitas vezes no raciocínio indutivo e dedutivo. A pré-avaliação apresentada a seguir requer que você use o raciocínio dedutivo, ou lógico. O raciocínio dedutivo é o processo de se chegar a uma conclusão que seguramente se apresentará, caso a prova fornecida seja verdadeira e o raciocínio usado para alcançá-la esteja correto. A conclusão se fundamenta apenas na prova apresentada. Para realizar a pré-avaliação da agilidade mental, siga as próximas instruções.

Instruções

Os itens em cada linha a seguir formam uma série, que se baseia num padrão ou numa regra previsível. Dê a resposta que completa cada série. Nas ilustrações gráficas, escolha a letra correspondente à forma que, na sua opinião, completa a série. Antes de começar, tenha à mão um pedaço de papel. Quando estiver pronto, *ajuste um alarme para cinco minutos* ou peça a alguém que marque o tempo para você. Pare quando o relógio disparar. Veja as respostas no fim deste capítulo e faça um círculo em torno dos itens que acertou. Quantos foram? Essa é sua pontuação inicial. Guarde-a, pois também precisará dela no capítulo onze.

1. 0; 0,5; 1,5; 3; 5; 7,5; 10,5; _____

2. Aureliano Chaves, José Sarney, Itamar Franco, _____

3. 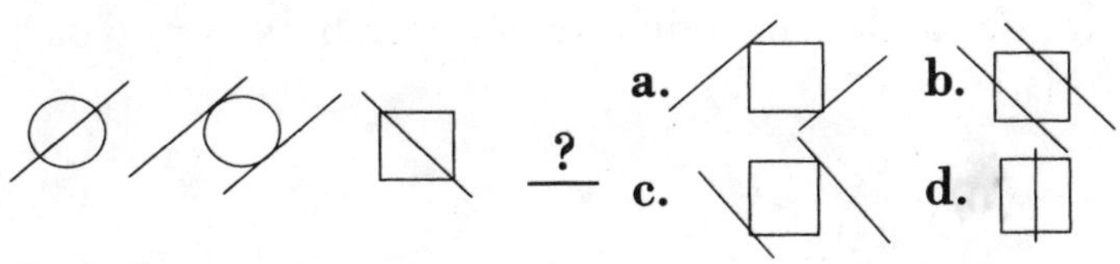

4. abril, agosto, dezembro, fevereiro, julho, junho, _____

5. 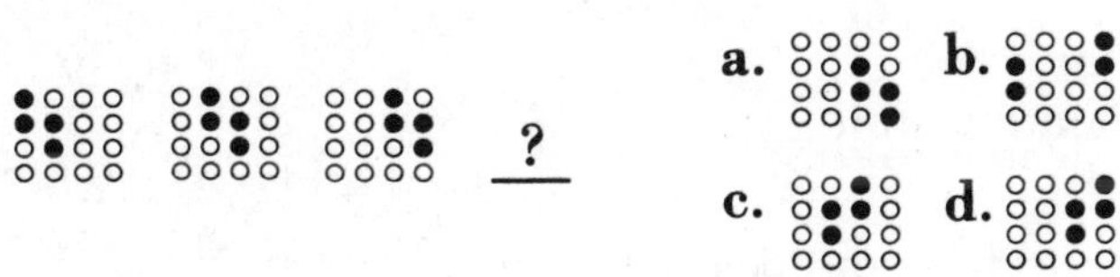

6. 162m, 54m, 18m, 6m, _____

7. 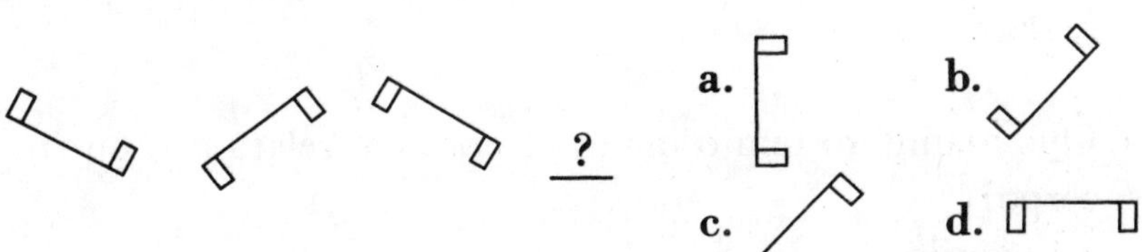

8. A, E, F, H, ______

9. 

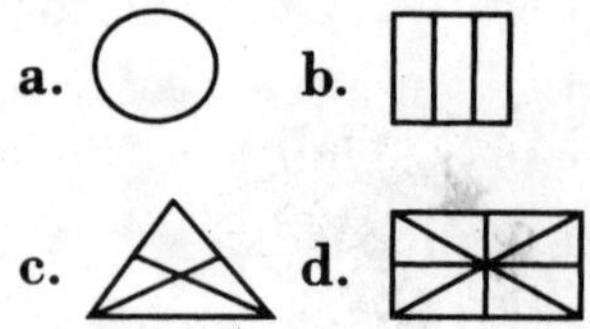

10. Ouviram, Ipiranga, margens, de, povo, ______

Perguntas & respostas sobre o conhecimento do cérebro[13]

Qual é seu grau de conhecimento desse órgão maravilhoso que chamamos de cérebro? Antes de começar o programa Cérebro em Forma, faça o teste a seguir. Marque com um círculo a opção que considerar correta. Depois verifique as respostas no fim deste capítulo.

1. Não temos sensação de dor no cérebro, o que explica por que os neurocirurgiões podem examinar regiões cerebrais com o paciente ainda acordado.
   a. Certo
   b. Errado

2. A consistência do cérebro assemelha-se mais a:
   a. Plástico
   b. Queijo suíço
   c. Esponja quente e úmida

3. O cérebro adulto humano pesa cerca de:
   a. 4,5kg
   b. 1,4kg
   c. 7kg

4. Que mamífero tem o maior cérebro em relação ao tamanho do corpo?
   a. O gorila

b. O ser humano
c. A baleia-azul

5. Embora represente apenas 2% do peso do corpo, o cérebro usa 20% de todo o oxigênio que respiramos e requer 20% do fluxo sangüíneo.
a. Certo
b. Errado

6. No primeiro mês de vida de um bebê, o número de conexões entre as células do cérebro tem um aumento sensacional de 50 trilhões para 1 quatrilhão. Se o corpo da criança crescesse num ritmo comparável, seu peso passaria de aproximadamente 3,8kg ao nascer para 77kg em um mês.
a. Certo
b. Errado

7. O adulto médio tem cerca de quantas células cerebrais?
a. 10 milhões
b. 5 trilhões
c. 100 bilhões

8. O cérebro e a medula espinhal compõem o sistema nervoso central.
a. Certo
b. Errado

9. Os neurônios são células nervosas que enviam e recebem sinais eletroquímicos do cérebro e do sistema nervoso.
a. Certo
b. Errado

10. Os neurônios transmitem impulsos nervosos a:
a. 95km por hora
b. 160km por hora
c. 320km por hora

11. As células gliais ("células de cola") correspondem a cerca de 90% das células cerebrais. Sua função básica é:
    a. Transmitir mensagens entre as células do cérebro
    b. Dar apoio físico e nutricional aos neurônios
    c. Estimular o surgimento de novos neurônios

12. O hemisfério direito do cérebro controla:
    a. O lado direito do corpo
    b. O lado esquerdo do corpo
    c. Os dois lados do corpo

13. As três maiores partes do encéfalo são o cérebro, o cerebelo e o:
    a. Lobo frontal
    b. Bulbo olfativo
    c. Tronco cerebral

14. Os cientistas acreditam que toda vez que temos uma idéia ou lembrança estamos mudando conexões entre células cerebrais.
    a. Certo
    b. Errado

15. O adulto perde para sempre milhares de células cerebrais todo dia.
    a. Certo
    b. Errado

16. As células do cérebro morrem por um processo natural chamado apoptose, em que neurônios que não recebem nem transmitem informações se extinguem.
    a. Certo
    b. Errado

17. Um dos primeiros sinais do mal de Alzheimer é a deterioração de um destes sentidos:
    a. Audição
    b. Paladar
    c. Olfato

18. Um estudo da Dana Foundation constatou que quase 7 em 10 adultos se preocupam com a perda de memória.
    a. Certo
    b. Errado

19. Um acidente vascular cerebral (AVC) ocorre quando o fluxo sangüíneo para o cérebro é interrompido.
    a. Certo
    b. Errado

20. O exercício mental regular ajuda na proteção contra o mal de Alzheimer.
    a. Certo
    b. Errado

21. O cérebro é um órgão dinâmico, capaz de se regenerar.
    a. Certo
    b. Errado

22. Atribui-se a grande inteligência de Albert Einstein ao seguinte fator:
    a. O tamanho do seu cérebro
    b. O número de suas células cerebrais
    c. O número e a complexidade das conexões entre suas células cerebrais

23. Ao nos aproximarmos dos 30 anos de idade, as tomografias já conseguem detectar os primeiros sinais de envelhecimento cerebral.
    a. Certo
    b. Errado

24. O cérebro progride com:
    a. Rotina
    b. Surpresa
    c. Novidade

Soluções

Respostas da pré-avaliação da agilidade mental

1. 14 (A diferença entre um número e o seu anterior é uma progressão aritmética da razão de 0,5. Nesse caso, a diferença entre o 10,5 e o próximo número é de 3,5.)
2. Marco Maciel (vice-presidente)
3. c
4. maio (meses em ordem alfabética)
5. b
6. 2m (1/3 da distância anterior)
7. b
8. I (letra maiúscula que se desenha com uma linha reta)
9. d
10. o (palavras alternadas no Hino Nacional)

Respostas do teste sobre conhecimento cerebral

1. Certo
2. c
3. b
4. b
5. Certo
6. Certo
7. c
8. Certo
9. Certo
10. c
11. b
12. b
13. c
14. Certo
15. Certo
16. Certo
17. c
18. c
19. Certo
20. Certo
21. Certo
22. c
23. Certo
24. c

Capítulo dois

Criando memórias

"Às vezes eu me preocupo com a curta duração da minha atenção, mas não por muito tempo."

– Herb Caen, *San Francisco Chronicle*, 10 de fevereiro de 1974

Momentos de velhice

Com quase 45 anos de idade, Amy, terapeuta ocupacional, já se preocupa com o que chama de "momentos de velhice". E não só ela. Um artigo da Universidade da Califórnia publicado em seu site em 2005 confirma isso: "Há muito se reconhece ser a perda de memória uma companheira comum da velhice. A incapacidade de se lembrar do nome de alguém que se conheceu há pouco tempo ou dos itens de uma curta lista de compras é uma experiência familiar a todos nós."[1] Como a memória atinge o auge quando estamos com cerca de 30 anos, isso não surpreende. Ainda assim é constrangedor, para dizer o mínimo, quando nos vemos esquecendo onde colocamos as chaves de casa, deixando o leite transbordar no fogão ou chamando a polícia para comunicar o roubo do carro, que, na verdade, continua no mesmo lugar daquele imenso estacionamento onde o paramos, só que não conseguimos achá-lo. O que desencadeia nossa velada sensação de pânico é o fato de que, para nós, a memória não é apenas um inventário das coisas que aprendemos. Na realidade, a reconhecemos como o coração da nossa identidade, pois ela concentra a história da nossa vida. Como disse Oscar Wilde: "A memória (...) é o diário que todos nós trazemos conosco." Protegendo-a, preservamos o álbum de recordações da nossa vida.

Às vezes você tem a impressão de que se esquece mais das coisas do que se lembra delas? O esquecimento, por mais frustrante que seja, proporciona benefícios tangíveis. Imagine como seria se você se recordasse de todos os detalhes de cada dia durante toda a vida. Pense em como seria se tivesse que procurar uma informação importante entre essa descomunal quantidade de pequenos dados armazenados. Muitos cientistas defendem a teoria de que o esquecimento é parte natural e imprescindível da função cerebral, pois impede que nos percamos em meio a informações inúteis. Alguns vão além em sua especulação dizendo que somos fisiologicamente programados para, de tempos em tempos, apagar dados que deixaram de ser relevantes – assim como usamos a lixeira do computador. Essa história de memória perfeita não existe. Esquecer é uma característica humana.

Há muitos motivos para nos esquecermos das coisas – e às vezes eles se sobrepõem. Alguns dos mais comuns são a falta de atenção, distrações e técnicas ineficientes de armazenamento de informações (codificação). Uma das situações de esquecimento mais frustrantes é a que envolve o fenômeno "na ponta da língua": embora tenhamos o dado na mente, não conseguimos resgatá-lo de imediato. O fato de não nos lembrarmos de uma informação não significa que ela tenha desaparecido para sempre. Quando temos algo na ponta da língua, em geral conseguimos nos recordar dele em algum momento. Ainda assim, é útil contarmos com estratégias para vencer essa dificuldade. Da próxima vez que você não se lembrar de alguma coisa significativa, tente usar uma ou mais das estratégias descritas a seguir.

Estratégias de recuperação de informação

1. **Relaxe.** Deixe a mente viajar pelas caixas de armazenamento no cérebro. A ansiedade bloqueia a função da memória. Às vezes, só o fato de relaxar a mente ou o fechar dos olhos já é suficiente para fazer com que a palavra ou frase chegue à consciência. Confie

também no instinto do cérebro: se o seu se fixou numa palavra que começa com a letra S, siga a pista. Na certa há uma relação entre S e o termo buscado. Por exemplo, suponha que esteja tentando se lembrar do nome de um conhecido. Você observa que o cérebro empacou no nome Marcos, que você sabe estar errado. Relaxe a mente e confie no M como pista, como se estivesse fazendo um jogo. Nomes iniciados por M começarão a surgir na sua mente: Mateus, Mário, Mauro. De repente, o nome certo, Márcio, aflora e se encaixa...

2. **Relacione**. Tente sacudir o cérebro resgatando informações associadas. Por exemplo, se está tentando se lembrar do título de um filme, recorde-se o máximo possível de fatos relacionados a ele: os artistas que participaram dele, a trama, com quem você o viu, etc. Muitas vezes, um detalhe projeta na mente a palavra ou frase que falta. Veja a seguir várias abordagens para usar a estratégia das "relações".[2]

Abordagem	Técnica
Busca alfabética	Recite o alfabeto devagar para uma primeira associação de letras.
Busca por situação	Visualize a cena, as pessoas e o local onde assimilou a informação.
Busca por associação	Tente ver, ouvir ou tocar alguma coisa que você tenha associado originalmente à informação.
Busca cronológica	Refaça mentalmente seus passos para identificar o momento em que empregou a informação pela última vez.
Busca por fatos	O que você estava fazendo quando utilizou a informação?
Busca visual	Visualize o papel em que a informação estava escrita.
Busca por pessoas	Lembre-se das pessoas com quem usou a informação. O que elas diziam e faziam e que aparência tinham?
Busca por aumento de estímulo	Continue a se concentrar na solicitação ou peça mais informações.

3. **Pesquise.** Para assegurar uma rápida recuperação, permaneça atualizado, revendo ou reaprendendo a informação importante. Vai a uma

reunião com antigos colegas de universidade? Pegue o velho álbum e passe os olhos por fotos e nomes. Pretende jantar com amigos? Quais serão os assuntos mais prováveis (política, acontecimentos mundiais, filmes, livros, esportes)? Reveja os tópicos-chave e fatos associados para garantir uma conversa descontraída. A pesquisa é também um instrumento útil para reaprender informações. Se você já foi fluente numa segunda língua, mas não se lembra de algumas palavras ou das normas de gramática, faça um curso de reciclagem.

Como funciona a memória?

Se você deseja ficar com o corpo sarado, é útil conhecer a localização e a natureza dos diferentes grupos musculares. Do mesmo modo, se o seu objetivo é pôr a memória em forma, é importante compreender de que maneira ela funciona. A memória é um processo complexo e fascinante, que continua a intrigar e desafiar os cientistas. Hoje em dia, os especialistas, de forma geral, concordam com a idéia de que as lembranças são adquiridas e mantidas por três processos seqüenciais: a *memória sensorial*, a *memória de curto prazo* e a *memória de longo prazo.*

Há até um *estágio pré-memória*, que consiste em estímulos aleatórios e não percebidos. Suponha que você esteja lendo um livro. De forma inconsciente, está absorvendo uma miríade de sensações sonoras, olfativas e táteis. Ondas se quebram na praia, o cheiro salgado do oceano está no ar, grãos de areia sopram em sua pele, gaivotas grasnam enquanto voam à procura de alimento, crianças brincam jogando-se na água, pessoas conversam e andam num deque de madeira, rádios estão ligados nas alturas sobre toalhas de praia, e assim por diante. Na pré-memória sentimos tudo isso inconscientemente como sensações passageiras.

A memória começa no breve momento em que a mente reconhece de modo consciente o que os sentidos estão assimilando. Chamamos isso de memória sensorial. Por exemplo, você pode erguer por um instante os olhos do livro quando a mente registra o som de uma criança chorando. Na maioria dos casos, não há necessidade de memorizar essas experiências sensoriais externas, por isso elas são filtradas e descartadas.

Quando, porém, damos atenção à impressão sensorial, ela passa para o segundo estágio da memória – a de curto prazo, ou memória de trabalho.

Por exemplo: o celular toca, mas você perde a chamada. Ao olhar o número de quem ligou, você vê que foi a sua mãe e faz uma anotação mental para telefonar para ela imediatamente. Podemos pensar na memória de curto prazo como um bloco de notas ou uma prancheta de mão em que registramos por um período tudo o que pode ser confiado à memória de longo prazo. Por exemplo, para entender esta frase você precisa reter na mente seu início para que possa compreender seu fim. Na memória de curto prazo, a capacidade e o tempo de armazenamento e recuperação da informação são limitados. Se não "ensaiado" (isto é, repetido e acrescido de significado), o dado talvez não dure mais do que 30 segundos. Quando não transmitido para a memória de longo prazo, acaba sendo eliminado. Porém, a informação que é conscientemente ensaiada e organizada passa da memória de curto prazo para a de longo prazo, que é o maior componente do sistema da memória. Ela é capaz de guardar informações por toda uma vida, e sua capacidade de armazenamento é ilimitada.

Codificação e recuperação de informações

Há duas importantes atividades mentais relacionadas à memória de longo prazo eficaz: a *codificação* e a *recuperação*. A codificação envolve guardar informações com toda a segurança nas caixas de armazenamento da memória de longo prazo. Consiste em tarefas mentais, como prestar atenção, repetir a informação e associar coisas novas a um elemento que o cérebro já conhece. Suponha que você seja advogado. É mais fácil se lembrar de um novo estatuto do que de etapas de uma experiência científica, pois seu cérebro já se acostumou com assuntos legais e tem caixas de armazenamento com esse tipo de registro. A recuperação é a atividade de obter informações da memória de longo prazo. Os dados bem codificados e armazenados na memória de longo prazo são mais fáceis de recuperar do que os que são arquivados aleatoriamente.

O ato de lembrar pode ser definido como a capacidade de codificar (organizar e guardar) e recuperar a informação assimilada. A qualidade da lembrança é determinada diretamente pela força e organização dos processos de codificação e recuperação. As cinco habilidades fundamentais da memória – *observação ativa*, *visualização*, *verbalização*, *associação* e *classificação* –, apresentadas no capítulo três, reforçam esses dois processos naturais, ajudando-nos a ordenar e arrumar os dados de forma sistemática, segundo estruturas de memorização, associações, padrões e classificações.

Rápida visão da memória humana

Veja a seguir uma representação gráfica do funcionamento da memória.

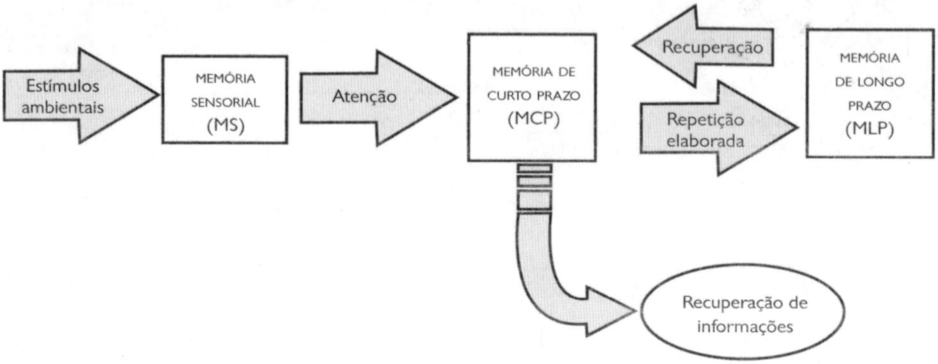

Resumo dos processos da memória

A tabela a seguir apresenta uma síntese dos três processos da memória, juntamente com dicas para estimular os mecanismos de memória do cérebro.

Processo	Definição	Exemplos	Dica de memória
Memória sensorial	Estímulos ambientais percebidos pelo cérebro.	Ouvir o sino de uma igreja. Sentir um pingo de chuva cair no nariz.	Ligue todas as suas antenas sensoriais; ative os cinco sentidos.
Memória de curto prazo	Atenção consciente ao que os sentidos estão recebendo, para que se possa executar uma tarefa imediata.	Somar uma coluna de números "de cabeça".	Evite interrupções, distrações e muitas tarefas simultâneas.
Memória de longo prazo	Informação assimilada que é armazenada no cérebro para uso futuro.	A capacidade de se lembrar do nome do último presidente.	Associe a informação a ser lembrada a dados que o cérebro já conhece.

Dicas de memória – eliminando a dificuldade de concentração

Quando estamos cansados, tensos ou melancólicos, a memória às vezes entra em curto e acabamos com mais dificuldade de nos lembrar das coisas. Muitas pessoas de memória perfeitamente boa sofrem de vez em quando dessa irritante disfunção. Veja algumas dicas úteis para lidar com esse tipo de falha.

1. Coloque num lugar incomum as coisas das quais precisa se lembrar. Por exemplo, se tiver cartas a enviar, deixe-as diante da porta social.
2. Tenha um lugar "para tudo" o que deve ser lembrado. Esse é um local especial para estocar os itens que você não está conseguindo guardar da forma apropriada por falta de tempo.
3. Organize seu ambiente: um lugar para cada coisa e cada coisa em seu lugar.
4. Ajuste um despertador para ajudá-lo a se lembrar de fazer algo em determinada hora.
5. Mantenha um calendário ou agenda à mão.
6. Tenha sempre uma *lista de afazeres*.
7. Coloque blocos de notas em locais diversos – no bolso, ao lado da cama e no carro – para registrar coisas das quais você possa se lembrar a qualquer momento que precisa fazer.
8. Use pistas físicas. É o mesmo que amarrar um cordão no dedo. Por exemplo, use a aliança no dedo da outra mão ou o relógio no punho oposto; ponha uma conta amassada junto com o dinheiro de bolso; incline um abajur contra a parede. Ao notar alguma coisa diferente no objeto, você se lembrará de que deve se recordar de algo.
9. Escreva bilhetes para si mesmo e deixe-os em lugares fáceis de ver.
10. Não adie nada. Faça o que tem que fazer na hora.
11. Não execute várias tarefas ao mesmo tempo. Concentre-se e finalize uma coisa de cada vez.
12. Conte itens que você precisa levar para não deixar nada para trás.
13. Tente usar equipamentos eletrônicos de organização.

14. Preste atenção nas coisas! Você não conseguirá se recordar daquilo que não notou.
15. Peça a um amigo ou membro da família que o lembre de um importante acontecimento programado para breve.

Qual é o objetivo da ginástica para a memória?

À medida que for avançando no programa Cérebro em Forma, você usará tanto a memória de curto prazo quanto a de longo prazo. A série de exercícios diários apresentada a seguir lhe dará a oportunidade de "exercitar os músculos" desses dois tipos de memória.

Vamos malhar!

Bem-vindo à estação *Criando memórias.* Agora que você entende os princípios básicos associados ao funcionamento da memória, é hora de estimular ao máximo essas células cerebrais. São quatro exercícios para a memória de curto prazo, seguidos por três para a de longo prazo.

Plano semanal de exercícios

A tabela a seguir apresenta os exercícios do programa Cérebro em Forma para a estação *Criando memórias.*

Dia	Nome do exercício	Habilidade	Páginas
1	miscelânea	memória de curto prazo	41-43
2	pequenos textos	memória de curto prazo	43-46
3	em forma	memória de curto prazo	46-48
4	misture & combine	memória de curto prazo	48-49
5	história antiga	memória de longo prazo	49-51
6	visões diárias	memória de longo prazo	51-52
7	jogos sobre trivialidades	memória de longo prazo	52-55

Dia 1: miscelânea

Habilidade: memória de curto prazo
Número de exercícios: 2

Exercício 1

Este exercício desafia a memória de curto prazo para palavras aleatórias. Consiste em duas rodadas. Na segunda, você recebe uma pista para melhorar as habilidades de recuperação de palavras.

Rodada 1

1. Leia o primeiro grupo de palavras (as da primeira linha) em voz alta.
2. Desvie o olhar e tente repetir as palavras desse grupo.
3. Leia o grupo de palavras seguinte em voz alta.
4. Desvie o olhar e tente repetir as palavras desse grupo.
5. Repita os passos 3 e 4 até acabar todos os grupos de palavras a seguir.
6. Anote o número de palavras de que se lembrar em cada linha.

cão, banana, bicicleta
maçã, fralda, pneu, prego
tesoura, telefone, automóvel, jornal, creme
golfe, operação, matemática, férias, tapete, lavanderia
cérebro, mente, lembrar, esquecer, pensar, saber, aprender

De que grupo de palavras você se lembrou com mais facilidade? A maioria das pessoas responde que foi do último, embora seja o mais longo. É mais fácil nos recordarmos de uma lista de itens quando eles têm alguma coisa em comum. Encontre um título ou uma categoria que associe as coisas no último grupo de palavras. O agrupamento de tópicos com uma designação comum melhora o armazenamento e a recuperação da informação.

Rodada 2

Siga os passos da *rodada 1* na pirâmide apresentada a seguir. Desta vez, porém, antes de recitar um grupo de palavras em voz alta, procure uma forma de associar todas ou algumas das palavras do grupo. Por exemplo, na *rodada 1*, a primeira linha da pirâmide contém dois termos que começam com a letra B: banana e bicicleta. Na segunda linha, as palavras prego e pneu podem ser ligadas visualizando-se um prego enfiado num pneu, e assim por diante. Use a criatividade para encontrar conexões entre as palavras. Depois leia cada linha em voz alta, cubra os itens e observe de quantos deles se lembra.

pá, computador, relógio
neve, flor, zebra, sutiã
flauta, livro, leite, envelope, chiclete
dedo, suéter, caixa, pílula, melancia, escada
tigre, zoológico, comida, jaula, macaco, crianças, tíquete

Como se saiu? Foi fácil ou difícil encontrar associações entre as palavras? Lembrou-se de mais termos na *rodada 1* ou na *rodada 2*? A maioria das pessoas se recorda de mais itens de uma lista quando identifica ligações significativas entre eles.

Exercício 2

No *exercício 1*, sua memória de curto prazo foi desafiada para que você se lembrasse de palavras aleatórias. No *exercício 2*, você terá que se recordar de *imagens* aleatórias. Observe as ilustrações no quadro da página 43 por não mais de dois minutos. Depois, cubra as imagens e anote no espaço a seguir os nomes de todos os objetos de que se lembrar.

______________________	______________________
______________________	______________________
______________________	______________________
______________________	______________________
______________________	______________________
______________________	______________________
______________________	______________________
______________________	______________________
______________________	______________________
______________________	______________________
______________________	______________________
______________________	______________________

Foi mais fácil se lembrar das palavras ou das imagens aleatórias? Que estratégia você empregou para se recordar com mais facilidade dos objetos? Observou alguma relação entre eles que o tenha ajudado a associá-los na memória?

Dia 2: pequenos textos

Habilidade: memória de curto prazo

Número de exercícios: 2

Exercício 1

A seguir, você encontrará um resumo das tarefas que deve executar hoje. Leia-o. Depois, responda às perguntas a seguir sem olhar o texto de novo. Veja de quantos pontos da *lista de afazeres* você se lembra.

Você e sua amiga Vera vão se encontrar ao meio-dia para almoçar no restaurante Bella Firenze. Após o almoço, você passará no banco para descontar um cheque. Terá também que apanhar camisas na lavanderia. Em seguida, irá buscar suas filhas, Patrícia e Eliana, no treino de vôlei. Precisará deixar Eliana na festa de aniversário de uma amiga. Em seguida, irá com Patrícia ao supermercado comprar algumas coisas para o jantar: você vai preparar macarrão aos quatro queijos. Seu marido, Eduardo, deverá voltar para casa por volta das 9 horas da noite após uma reunião de negócios. Depois que as meninas forem dormir, você lerá os e-mails e responderá aos recados na secretária eletrônica. Se tiverem sorte, você e Eduardo terão uma hora para relaxar e conversar sobre os acontecimentos do dia.

Perguntas

1. O que você vai fazer no banco? ______________________
2. Como se chamam suas filhas? ______________________
3. Onde apanhará as meninas? ______________________
4. Por que vai ao supermercado? ______________________
5. Quem irá a uma festa de aniversário? ______________
6. O que você vai buscar na lavanderia? ______________
7. O que vai preparar para o jantar? __________________
8. Como se chama seu marido? ______________________
9. Por que seu marido não jantará em casa? ____________
10. Onde você encontrará sua amiga para almoçar? ________
11. Como sua amiga se chama? ______________________
12. A que horas você vai se encontrar com ela? __________
13. A que horas seu marido chegará em casa? ____________
14. O que você fará depois que as meninas forem dormir? ______
15. Sobre o que você e seu marido conversarão à noite? _______
16. Como Eliana voltará para casa após a festa de aniversário? _____

Se você errou alguma resposta, volte e leia o resumo de novo. Veja se consegue se lembrar de mais itens após a segunda leitura. Achou a pergunta 16 matreira? Experimente realizar esse mesmo exercício de memória usando uma matéria de revista ou de jornal. Peça a um amigo que leia o texto primeiro e formule várias perguntas. Depois leia a matéria você mesmo e responda às indagações dele.

Exercício 2

Leia as pequenas histórias a seguir, cubra-as e responda às perguntas na seqüência. Em seguida, releia os textos para verificar as respostas.

Conto da caixa registradora

Um comerciante tinha acabado de apagar as luzes da loja quando apareceu um homem exigindo dinheiro. O dono do estabelecimento abriu a caixa registradora. Tudo o que havia nela foi levado pelo homem, que fugiu correndo. Um policial foi notificado imediatamente.

Perguntas

1. O homem que abriu a caixa registradora era o dono. Certo ou errado? ____
2. O homem só apareceu depois que as luzes foram apagadas. Certo ou errado? ____
3. O assaltante era um homem. Certo ou errado? ____
4. Nesse conto, há uma série de fatos em que apenas quatro pessoas são citadas: o dono da loja, o homem que pediu dinheiro e dois policiais. Certo ou errado? ____

A perseguição de carro

Uma BMW em alta velocidade contornou o tribunal, perseguida por uma Mercedes preta. Cantando pneu, furou um sinal que estava passando para o vermelho e, por pouco, não atropelou um idoso que atravessava a rua com uma bengala e uma sacola de supermercado. Um carro da polícia vinha no sentido oposto com as luzes e a sirene ligadas. A BMW desviou-se para evitar o carro da polícia, mas a Mercedes bateu num hidrante, que começou a esguichar água, fazendo a alegria das crianças do bairro.

Perguntas

1. Em que direção vinha o carro da polícia? ____________________
2. Quantas coisas o idoso carregava? ____________________
3. Qual a cor do sinal de trânsito? ____________________
4. Qual dos carros bateu no hidrante? ____________________

Até que ponto você se lembrou dos detalhes nesses contos policiais? O que o ajudou a se recordar deles? Por exemplo, você leu mais devagar, pesquisou os dados na mente ou visualizou os fatos? Temos mais facilidade de nos lembrar de histórias de conteúdo emocional, como as que envolvem crimes, do que das que não têm essa natureza.

Dia 3: em forma

Habilidade: memória de curto prazo

Número de exercícios: 2

Exercício 1

Nos exercícios do dia 2, você praticou para se lembrar de informações escritas no contexto de pequenas histórias cheias de significados. Agora vai tentar ser recordar de dados visuais apresentados num contexto aleatório.[3]

No espaço abaixo, copie o desenho do modo mais preciso que conseguir. No alto da próxima página, desenhe-o de novo de memória. Como se comparam os dois? Para um desafio extra, deixe as cópias de lado e tente redesenhar a figura após uma pausa de meia hora.

Como se saiu? Que estratégia você usou para dar sentido às formas abstratas e se lembrar melhor delas? Quando desenham de memória, em geral as pessoas conseguem captar todo o esquema básico e de 25 a 50% dos detalhes.

Exercício 2

Reserve cinco segundos para memorizar cada um dos símbolos apresentados a seguir. Cubra-os e desenhe aqueles de que conseguir se lembrar. Repita cinco vezes o processo desde o início num pedaço de papel em branco.[4] Para reduzir o nível de dificuldade, trabalhe com os objetos de uma linha de cada vez.

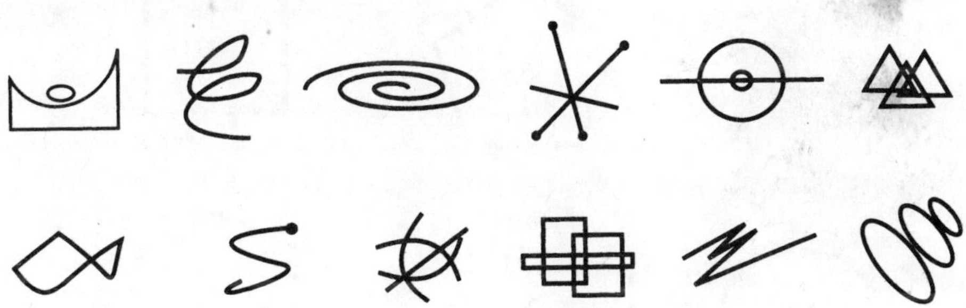

Sua memória melhorou um pouco com a repetição? Que estratégia você usou para ajudá-lo a se recordar das figuras? Associar um símbolo a uma imagem que o cérebro já conhece pode melhorar a memória. Por exemplo, uma ilustração abstrata pode lembrar-lhe uma estrela ou um fio de cabelo cacheado.

Dia 4: misture & combine

Habilidade: memória de curto prazo

Número de exercícios: 1

Exercício I

Neste exercício, você deverá se lembrar dos números associados a diversas formas. Serão duas rodadas: uma de ensaio e outra de lembrança.[5]

Rodada 1: ensaio

Dê uma olhada em todas as formas e nos números associados a elas. Tente se lembrar do número que as acompanha. Depois, cubra as figuras e passe à *rodada 2*.

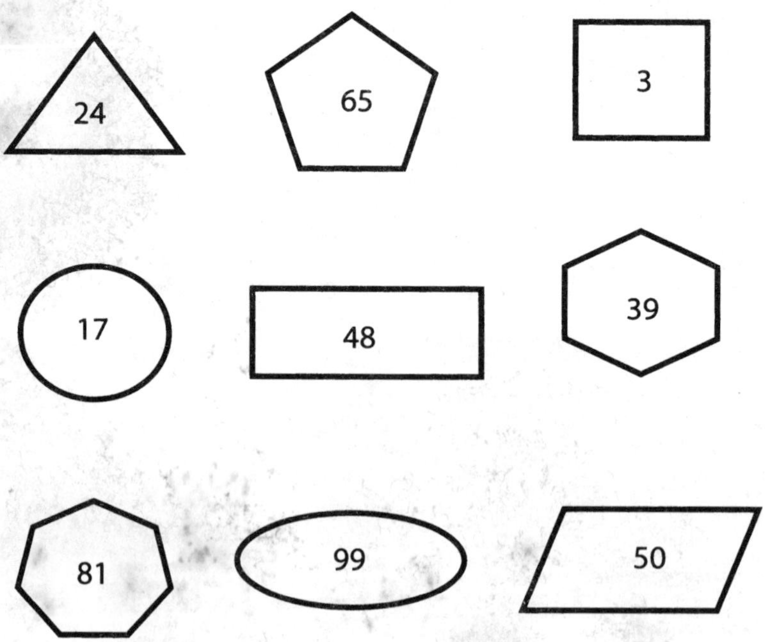

Rodada 2: lembrança

De memória, tente combinar cada número com a forma correspondente. Escreva o número correto dentro de cada ilustração.

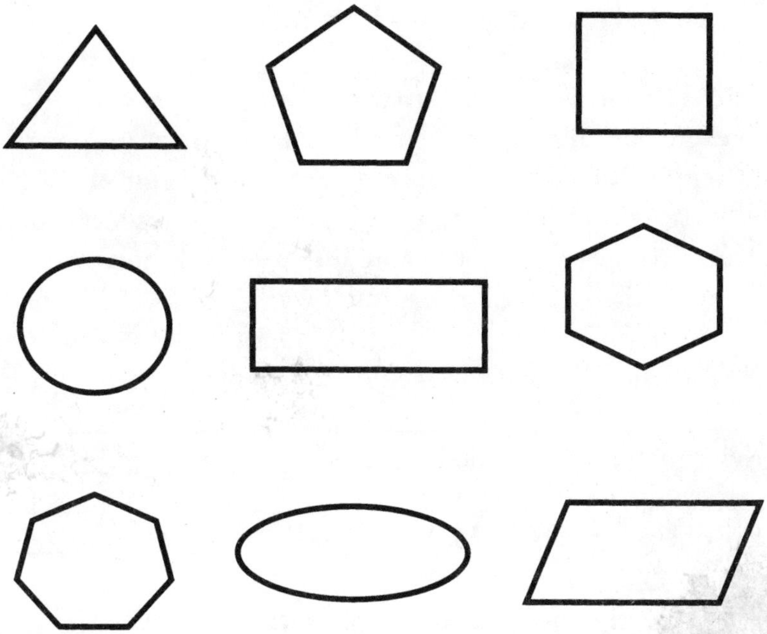

17	99	3
48	24	81
65	39	50

Como se saiu? Que técnicas você usou para associar os números às formas? No capítulo seis, você aprenderá a transformar números em formas que podem ser conectadas a outras formas.

Dia 5: história antiga

Habilidade: memória de longo prazo

Número de exercícios: 3

Introdução ao exercício

No modelo de memória humana do Dr. Endel Tulving são propostos três tipos de memória de longo prazo: **semântica** (conhecimento geral),

episódica (fatos vividos pessoalmente) e de **procedimento** (habilidades adquiridas).[6] O interessante é que as pessoas com amnésia costumam se esquecer de informações pessoais, mas retêm um conhecimento geral do mundo. Desafie sua memória de longo prazo tentando se lembrar de informações em cada uma dessas três categorias.

Exercício 1: memória semântica

Para exercitar um pouco a memória de longo prazo, responda às perguntas a seguir. Não tem certeza de que vai conseguir? Faça com que seu cérebro se esforce proativamente buscando por respostas onde você quiser. Enquanto pesquisa, tente aprender três fatos novos. Verifique as respostas possíveis no fim deste capítulo.

1. Escreva o nome dos últimos cinco presidentes do Brasil.__________
____
2. Relacione seis estados do Brasil.______________________
____
3. Em que país fica o Taj Mahal? ______________________
____
4. Qual é o primeiro verso do Hino Nacional brasileiro? __________
____
5. Em que país se realizou a última Copa do Mundo de Futebol?
____
6. Cite três filmes estrelados por Julia Roberts.________________
____
7. Que oceano banha a costa brasileira? __________________
____
8. Que países fazem fronteira com o Brasil? _________________
____

Exercício 2: memória episódica

Veja de quantos desses fatos pessoais você se lembra. Reúna-se com membros da família e pergunte se eles também se recordam desses itens.

1. Como se chamava sua professora do primeiro ano do ensino fundamental? ______________________________
2. Quem foi a primeira pessoa por quem você se apaixonou? ______

3. Qual foi a maior travessura que você fez quando criança? ________
4. Quem foi seu melhor amigo no ensino fundamental? ________
5. Onde você estava quando perdeu o primeiro dente? ________
6. Qual era a ocupação do seu avô materno? ________
7. Qual era seu programa de televisão favorito quando estava no ensino fundamental? ________
8. Qual era seu brinquedo preferido quando criança? ________
9. De que cor era sua primeira bicicleta? ________

Exercício 3: memória de procedimento

Você é capaz de ensinar de memória a alguém os procedimentos para realizar uma tarefa conhecida? Escolha uma das seguintes atividades e anote o passo-a-passo. Não olhe as diretrizes, siga apenas sua memória. Imagine que você está se dirigindo a alguém que jamais fez isso antes. Depois, peça a uma pessoa que nunca tenha realizado essa tarefa que siga suas instruções sem perguntas.

a. Fazer um prato favorito ________
b. Trocar um pneu furado ________
c. Fazer as contas do talão de cheques ________
d. Verificar o nível de óleo do carro ________
e. Instalar um aparelho de DVD ________
f. Criar uma planilha com o programa Excel no computador ________

Dia 6: visões diárias

Habilidade: memória de longo prazo
Número de exercícios: 1

Exercício 1

A seguir estão listadas algumas coisas que você vê ou faz regularmente. Observe quantos desses itens cotidianos você assimilou e consegue resgatar da memória de longo prazo. Se ajudar, feche os olhos e use habilidades de visualização. Verifique as respostas no fim do capítulo.

1. No teclado de um telefone, onde fica o * (asterisco)? ________

2. Para abrir a torneira da pia, você a gira para a esquerda ou para a direita? ______
3. Se você pretende estacionar paralelamente ao lado direito da calçada, começa a girar o volante para a direita ou para a esquerda? ______
4. Num teclado comum de computador, há quantas filas de letras? ______
5. Qual é a ordem das cores no sinal de trânsito de cima para baixo? ______
6. O garfo fica à direita ou à esquerda do prato de jantar? ______
7. Desenhe o símbolo da placa de estacionamento para deficientes físicos. ______
8. Qual é o conjunto de caracteres (letras e números) da placa do seu carro? ______
9. No alfabeto, qual é a última letra maiúscula impressa sem uma linha reta? ______
10. Qual é a frase na Bandeira Nacional? ______

Dia 7: jogos sobre trivialidades

Habilidade: memória de longo prazo

Número de exercícios: 1

Exercício I

Muitas variações dos jogos sobre trivialidades disponíveis no mercado desafiam a memória de longo prazo. Este exercício consiste em duas rodadas. As perguntas são as mesmas em cada uma delas, o que muda é o seu formato. Na *rodada 1*, você é solicitado a *se lembrar* de informações da memória de longo prazo sem estímulos. A *rodada 2* pede que você *reconheça* a informação usando estímulos de múltipla escolha.

Rodada 1: lembrando-se da informação

Tente se *lembrar* das respostas às seguintes perguntas sobre trivialidades. Anote as respostas no espaço depois de cada uma delas.

1. Quem é o autor do romance *Dona Flor e seus dois maridos*? ______

2. Qual é a capital do Rio Grande do Norte? ________________
3. Quem fez o papel de Rose no filme *Titanic?* ________________
4. Quantas vezes o Brasil já ganhou a Copa do Mundo de Futebol?__
____
5. Quem é conhecido como o "Rei" na música popular brasileira?
____
6. Que atriz ficou conhecida como "a namoradinha do Brasil"?
____
7. Quem era o vice-presidente de Fernando Collor? ____________
8. Qual é o nome do popular remédio natural para melhorar a memória? ________________
9. Que país é célebre por suas pirâmides? ________________
10. Qual é o nome da doença metabólica para a qual as pessoas tomam insulina? ________________
11. Quem escreveu a peça *Vestido de noiva*? ________________
12. Que piloto brasileiro de Fórmula 1 morreu num acidente na Itália em 1994? ________________

Rodada 2: reconhecendo a informação

Veja o mesmo exercício de forma diferente. Agora você é solicitado a *reconhecer* a resposta correta numa lista de múltipla escolha. Faça um círculo na opção que considerar certa. Verifique as respostas no fim deste capítulo.

1. Quem é o autor do romance *Dona Flor e seus dois maridos*?
   a. Érico Veríssimo
   b. João Ubaldo Ribeiro
   c. José de Alencar
   d. Jorge Amado

2. Qual é a capital do Rio Grande do Norte?
   a. Brasília
   b. Natal
   c. Florianópolis
   d. Salvador

3. Quem fez o papel de Rose no filme *Titanic?*
   a. Kate Blanchett
   b. Gwyncth Paltrow

c. Kate Winslet
d. Cameron Diaz

4. Quantas vezes o Brasil já ganhou a Copa do Mundo de Futebol?
a. seis
b. duas
c. cinco
d. três

5. Quem é conhecido como o "Rei" da música popular brasileira?
a. Roberto Carlos
b. Chico Buarque
c. Caetano Veloso
d. Cauby Peixoto

6. Que atriz ficou conhecida como "a namoradinha do Brasil"?
a. Fernanda Montenegro
b. Regina Duarte
c. Glória Menezes
d. Yoná Magalhães

7. Quem foi o vice-presidente de Fernando Collor?
a. João Goulart
b. Miguel Arraes
c. Itamar Franco
d. Aureliano Chaves

8. Qual é o nome do popular remédio natural para melhorar a memória?
a. glutamato de zinco
b. *Ginkgo biloba*
c. ginseng
d. quercetina

9. Que país é célebre por suas pirâmides?
a. Argentina
b. Austrália
c. Egito
d. Suíça

10. Qual é o nome da doença metabólica para a qual as pessoas tomam insulina?
    a. desequilíbrio da tireóide
    b. deficiência de ácido fólico
    c. desequilíbrio endócrino
    d. diabetes

11. Quem escreveu a peça *Vestido de noiva*?
    a. Molière
    b. Nelson Rodrigues
    c. Gianfrancesco Guarnieri
    d. William Shakespeare

12. Que piloto brasileiro de Fórmula 1 morreu num acidente na Itália em 1994?
    a. José Carlos Pace
    b. Chico Landi
    c. Maurício Gugelmin
    d. Ayrton Senna

Que exercício foi mais fácil: o de *lembrança* ou o de *reconhecimento?* A maioria das pessoas acha mais difícil se lembrar de uma informação do que reconhecê-la. A livre lembrança é um desafio porque o cérebro tem que procurar nas caixas de armazenamento da memória de longo prazo sem a ajuda de nenhuma pista de recuperação.

Coluna de aconselhamento do Dr. Cérebro em Forma

Caro Dr. Cérebro em Forma,

Quando eu tinha que estudar para uma prova e não conseguia me concentrar, minha mãe me mandava correr três vezes em volta do quarteirão. Isso, segundo ela, me deixaria mais esperta. Há alguma verdade nessa afirmação?

–Janine

Cara Janine,

Sua mãe lhe deu um bom conselho.

O exercício aeróbico e o cérebro

As atividades físicas, incluindo o exercício aeróbico, fazem bem ao humor e à memória. Os cientistas há muito sabem que os exercícios aumentam a circulação das *endorfinas* – hormônios liberados no cérebro que se mostram benéficos para o humor e a memória. Pesquisas revelam uma inegável ligação entre a atividade aeróbica e a força do cérebro. Estudos com animais de laboratório sugerem que esses exercícios desencadeiam o surgimento de novas células cerebrais e conexões neurais. Além disso, eles aumentam a circulação do sangue para o cérebro, que, assim, passa a receber mais oxigênio e outros nutrientes necessários à sua saúde. Essas mudanças saudáveis no cérebro, especulam os cientistas, talvez ajudem a prevenir o mal de Alzheimer. Especialistas da Universidade de Illinois, usando um equipamento de neuroimagem de alta tecnologia, observaram que a atividade física altera a estrutura cerebral e funciona de um modo que aprimora a atenção e a capacidade de tomar decisões. Por isso, mesmo quando você não está se preparando para uma prova, o bom senso recomenda que continue a se exercitar.

Soluções

Dia 5: Exercício 1. 1) José Sarney, Fernando Collor de Mello, Itamar Franco, Fernando Henrique Cardoso, Luiz Ignácio Lula da Silva; 2) Rio de Janeiro, Bahia, Rio Grande do Sul, Pernambuco, São Paulo, Ceará; 3) Agra, Uttar Pradesh, Índia; 4) Ouviram do Ipiranga as margens plácidas; 5) Alemanha; 6) *Uma linda mulher, Erin Brockovich, Um lugar chamado Notting Hill;* 7) Atlântico; 8) Venezuela, Guiana, Suriname, Guiana Francesa, Uruguai, Argentina, Paraguai, Bolívia, Peru e Colômbia.

Dia 6: Exercício 1. 1) inferior esquerdo; 2) para a esquerda; 3) direito; 4) três; 5) vermelho, amarelo e verde; 6) à esquerda; 7) ♿ ; 8) ______; 9) S; 10) Ordem e Progresso.

Dia 7: Exercício 1. 1) Jorge Amado; 2) Natal; 3) Kate Winslet; 4) cinco; 5) Roberto Carlos; 6) Regina Duarte; 7) Itamar Franco; 8) *Ginkgo biloba*; 9) Egito; 10) diabetes; 11) Nelson Rodrigues; 12) Ayrton Senna.

Capítulo três

Cultivando a atenção, a imagem e o significado

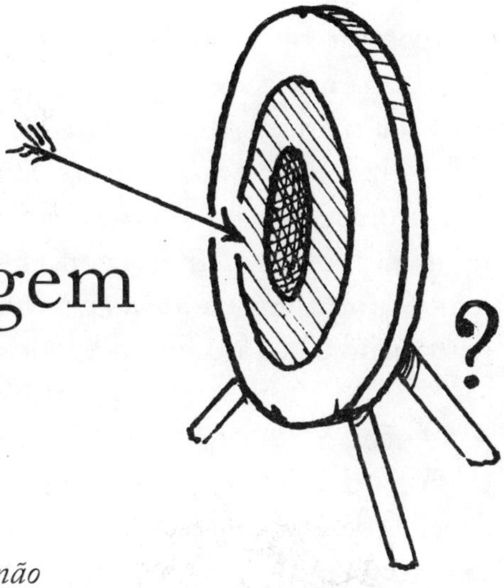

"O número das coisas de que me lembro não é tão espantoso quanto o das coisas de que consigo me lembrar que não são espantosas."

– Mark Twain

Atenção, imagem e significado

Em todas as obras de Sócrates e Platão, há referências à deusa dourada da memória, Mnemosine. Na mitologia grega, a união dela com Zeus, rei dos deuses, produziu as nove musas que presidiam as artes e as ciências. Mnemosine era honrada acima de todas as deusas, pois se acreditava que a memória era a fonte de toda fala, de toda cultura e de todo conhecimento. Sócrates descrevia a memória como um dom de Mnemosine e a comparava a um bloco de cera que reside em nossas almas. Em suas palavras: " (...) sempre que desejamos nos lembrar de qualquer coisa que vemos, ouvimos ou pensamos, imprimimos nessa cera nossas percepções e nossos pensamentos da mesma maneira como deixamos na cera a impressão dos sinetes." Para ele, a memória não era o cérebro nem o coração, e sim a verdadeira alma da nossa existência.

Nas antigas sociedades grega e romana, imersas na tradição oral, reconhecia-se que, a não ser que a história e os costumes fossem aprendidos pela memória e transmitidos oralmente, culturas inteiras poderiam desaparecer. Se a memória não a preservasse, a história narrada de todo um país sumiria sem deixar vestígios. Também para os menestréis e políticos, a memória era uma arte e uma ciência. Muitos dos artifícios de memorização que usamos até hoje são descendentes diretos dos sistemas projetados para ajudar os políticos gregos a fazer discursos. Um dos fundamentos da memória concentra três princípios conhecidos desde os tempos romanos – a *atenção,* a *imagem* e o *significado.* E eles são tão poderosos hoje quanto foram naquela época.

A atenção

Veja se a cena a seguir lhe parece familiar. Você estaciona na entrada da garagem e sai correndo para casa. Precisa ir ao banheiro, o sorvete está se derretendo na sacola do supermercado e o cachorro gane no quintal para que o soltem. As crianças, que ficaram no carro, têm treino de futebol em cinco minutos. Você resolve seu problema no banheiro, guarda o sorvete no freezer e solta o cachorro. Ouve a buzina do carro tocar – são seus filhos dizendo que estão atrasados... Mas onde colocou as chaves? Você não se lembra desse fato ou não deu atenção a ele, para começar. Já ouviu falar em *tarefas simultâneas?* Isso significa cuidar de muitas coisas ao mesmo tempo em vez de se ater a uma de cada vez. Trata-se de uma estratégia de sobrevivência e de um distintivo de honra em nossa complexa e tumultuada vida no século XXI. Mas pesquisas indicam que, a longo prazo, as tarefas múltiplas diminuem a eficiência. São também uma causa básica das falhas de memória.

A imagem

Sigmund Freud disse que, se quisermos ter mais facilidade para nos lembrar das coisas, devemos tornar a informação desejada mais interessante. Qual destas duas imagens provavelmente despertará mais nossa atenção: um homem tocando violão numa esquina ou uma banda que passa? A maioria das pessoas escolheria a banda. É vistosa, barulhenta e dinâmica. Proporciona um rico conjunto de sensações e um repertório de imagens coloridas que prendem nossa atenção e ficam impressos na memória. Portanto, se pretendemos nos recordar melhor das coisas, é importante criarmos fortes imagens visuais que acrescentem cor, textura e movimento a elas.

O significado

Tudo o que possui um significado pessoal ou emocional exerce um impacto maior na memória do que aquilo que não apresenta essas associações. Use como exemplo a lembrança de onde você estava quando soube da morte de um ente querido ou do atentado ao World Trade Center. Acontecimentos como esses, de forte impacto – pessoal e emocional –, ficam para sempre gravados em nossa memória individual e coletiva. Para melhorarmos nossa capacidade de nos lembrar das coisas, precisamos conectar os tópicos dos quais desejamos nos recordar a um significado familiar, pessoal e/ou emocional.

Como funcionam a atenção, a imagem e o significado

A seguir, um trecho de *O velho e o mar*, de Ernest Hemingway. Ao lê-lo, preste atenção em como o autor usa esses três princípios para criar uma memória inesquecível do velho. Em seguida, responda às perguntas.

O velho e o mar

O velho era magro e macilento, com rugas profundas na nuca. Na face tinha as manchas escuras do câncer de pele benigno causado pelo reflexo do sol nos mares tropicais. As manchas se estendiam pelos lados do rosto, as mãos apresentavam as profundas cicatrizes do trato com pesados peixes nas linhas. Mas nenhuma dessas cicatrizes era recente. Eram antigas como as erosões num deserto sem peixes. Tudo nele era velho, a não ser os olhos, da mesma cor do mar, alegres e indomáveis![1]

Análise dos três princípios

1. Para quais traços físicos do velho o narrador dirige nossa *atenção?*
2. Que *imagens* marcantes criadas pelo narrador se destacam em sua mente?
3. Dê um exemplo de como o narrador cria *significado* associando traços do rosto do velho a imagens que conhecemos da natureza.

Os três princípios e as cinco habilidades de memória

Os especialistas em memória distinguiram cinco habilidades que tornam fácil e divertida a aplicação da atenção, da imagem e do significado no dia-a-dia. Essas habilidades criam eficientes identificadores de memórias que melhoram os processos de aquisição, armazenamento e recuperação das informações. A seguir, uma tabela que resume a relação entre os três princípios e as cinco habilidades de memória.

Definição dos três princípios e das cinco habilidades de memória

Princípio	Habilidade	Definição
atenção	observação ativa	Usa os cinco sentidos para apreender os detalhes da realidade.
imagem	visualização	Cria imagens mentais incomuns e até amalucadas do item a ser lembrado.
	verbalização	Transforma aquilo que se quer memorizar numa rima ou história.
significado	associação	Conecta aquilo que se deseja recordar a informações que o cérebro já tem.
	classificação	Agrupa os itens a serem lembrados em categorias de significados.

Dicas de memória para armazenar e recuperar informações

1. A mente é como uma biblioteca. Quando armazenamos as informações de um modo que faz sentido, é mais simples encontrá-las depois.
2. O cérebro tem mais facilidade para assimilar, guardar e resgatar a informação organizada. Ordene os novos dados em hierarquias, agrupamentos, relações e padrões que façam sentido.
3. Quem aprende com os olhos se lembra melhor das coisas utilizando imagens mentais; os que aprendem com os ouvidos têm mais facilidade para se recordar de algo com a utilização de pistas sonoras; os que aprendem por gestos recuperam suas lembranças mais facilmente fazendo um uso ativo da informação.
4. Empregue os três princípios (atenção, imagem e significado) para tornar a informação mais interessante e notável.
5. Use as cinco habilidades de memória (observação ativa, visualização, verbalização, associação e classificação) para criar um bom armazenamento das informações e pistas eficientes de recuperação da memória.
6. O cérebro elimina por filtragem 99% dos estímulos que recebe pelos cinco sentidos.
7. Dois fatores são determinantes para que um estímulo sensorial receba atenção e seja admitido na memória de curto prazo. Ele deve conter significado e um elemento ou apelo emocional.
8. A memória de curto prazo é facilmente prejudicada pelas interrupções e perturbações provocadas pela realização de tarefas múltiplas.
9. Para que a informação passe da memória de curto prazo para a de longo prazo, ela tem que ser repetida mentalmente.
10. Para a maioria das pessoas, é preciso repetir mentalmente o dado pelo menos três vezes antes de transferi-lo da memória de curto prazo para a de longo prazo.
11. Há dois tipos principais de estratégia:
    a. o ensaio mecânico – a repetição contínua e deliberada da informação da mesma forma como ela entrou na memória de curto prazo.

b. o ensaio elaborado – elaborar ou integrar a informação associando-a a significados na memória.

12. Muitos cientistas e especialistas na área afirmam que não há memória fotográfica. Ao contrário, acreditam que as pessoas com memórias superiores usam estratégias eficientes.
13. O cérebro é uma rede. A memória e o pensamento consistem em padrões de ativação das conexões neurais entre as células do cérebro.
14. A prática de exercícios físicos e de atividades que estimulam a mente não só ativa como fortalece as conexões cerebrais.

Qual é o objetivo da ginástica para a memória?

Se você quer se aprimorar como dançarino, nadador, músico, cantor ou ginasta, o que deve fazer? Treinar duro. Os fundamentos da aquisição de eficiência numa habilidade são sempre os mesmos, não importa a disciplina. Você aprende os princípios básicos, treina-os pela repetição e depois aperfeiçoa e refina as habilidades aplicando-as em situações mais complexas e desafiadoras. As habilidades acabam por fazer parte da "memória muscular" e sua execução se dá naturalmente. A memória é uma faculdade mental que pode ser exercitada e fortalecida com um processo semelhante. Na ginástica desta semana, você vai treinar as cinco habilidades de memória: observação ativa, visualização, verbalização, associação e classificação.

Vamos malhar!

Bem-vindo à estação *Cultivando a atenção, a imagem e o significado.* Esta série de atividades aumentará sua capacidade de mirar importantes alvos da memória, usando as cinco habilidades. Cada dia de exercícios é precedido por uma introdução, que relaciona as habilidades a serem usadas e fornece exemplos de aplicação. À introdução seguem-se 10 minutos de exercícios.

Plano semanal de exercícios

A tabela a seguir apresenta os exercícios do programa Cérebro em Forma para a estação *Cultivando a atenção, a imagem e o significado.*

Dia	Nome do exercício	Habilidade	Páginas
1	sentindo tudo	observação ativa	63-65
2	esconde-esconde	observação ativa	66-68
3	imagine só	visualização	69-71
4	ritmo & rima	verbalização	72-75
5	ligações quentes	associação	75-77
6	acrônimos & acrósticos	associação com a primeira letra	77-81
7	segmentos	classificação	81-84

Dia 1: sentindo tudo

Habilidade: observação ativa
Número de exercícios: 2

Prestar atenção é o fator número um no cultivo de uma boa memória. Na verdade, muita gente chama de problema de memória o que, na verdade, é falta de atenção. A ativação dos cinco sentidos não apenas nos ajuda a ficar mais atentos como cria fortes identificadores de memória para o armazenamento e a recuperação de informações.

Exemplo 1

Roberta deixa o carro no estacionamento subterrâneo de um movimentado shopping center. Para ter certeza de que o encontrará depois, ela aplica a *observação ativa.* Primeiro, nota que todas as colunas da parte em que está na garagem são pintadas de verde. Usando a imaginação, ela pensa em como ficará verde de raiva se não achar o automóvel. A fila onde o estacionou tem a letra R. Isso a faz pensar na frase "Não erre". Dirige-se ao elevador. Uma placa na parede indica que ela está no nível 3. Roberta repete em voz alta: "Verde, R, 3." Ao sair do elevador, ela procura a loja de artigos esportivos mais próxima. Quatro andares abaixo, fica Corpo

& Cia. Na frente da loja, há um pequeno lago com chafariz e peixes dourados. Ela também reconhece que está perto da praça de alimentação, pois sente o cheiro de várias comidas. Empregando a observação ativa, Roberta está segura de que encontrará o carro horas depois seguindo os identificadores da memória.

Exemplo 2

O trabalho de Marcelo é viajar. Por causa de atrasos nos vôos, ele muitas vezes chega aos hotéis tarde da noite e tem que se levantar cedo na manhã seguinte. Sempre sonolento e apressado, ele costuma perder um tempo precioso procurando objetos, como as chaves do carro alugado, o celular, o relógio e o controle remoto da TV. Claro que tudo isso acaba aparecendo, mas sempre num lugar surpreendente. Às vezes, ele encontra algo no banheiro, outras no armário de roupas. Certa ocasião, deixou as chaves dentro do frigobar. No avião, ao voltar para casa, seu sócio lhe dá um conselho de amigo: "Marcelo, você precisa prestar mais atenção nas coisas. E tem que fazer isso no trabalho também. Todos os quartos de hotel têm características comuns. Escolha um lugar que exista em todos eles e sempre deixe suas coisas ali. Eu, por exemplo, guardo meus objetos num pote de plástico porque sei que assim eles não vão escorregar para o chão. Depois, coloco o pote na mesa-de-cabeceira."

Exercício 1

Uma diferença básica entre os artistas e o resto da população é a capacidade que eles têm de ver o mundo com os cinco sentidos e de transformar essas imagens sensoriais em arte. Leia duas vezes o trecho de um poema de T. S. Eliot reproduzido a seguir. Enquanto o lê, imagine-se andando pela rua descrita nos versos. Observe ativamente como os cinco sentidos são usados para criar fortes imagens e lembranças sensoriais. Depois responda às perguntas.

***Prelúdios*, de T. S. Eliot**[2]

Chega a noite de inverno
Com cheiro de bife nos becos.
Seis horas,
Os restos das cinzas de dias enfumaçados.

E agora uma tempestuosa chuva envolve
Os pedaços sujos
Das folhas secas em torno dos seus pés
E de jornais que circulam no vazio;
A chuva bate
Em venezianas quebradas e chaminés,
E na esquina da rua
Um solitário cavalo de coche bufa e bate a pata no chão.
E depois o clarão das lâmpadas.

Perguntas

Primeiro tente responder às perguntas sem voltar ao poema. Depois, se precisar, sinta-se à vontade para ler novamente os versos. Não se preocupe em dar as respostas certas. A poesia é aberta à interpretação.

1. Qual é o estado de humor básico do poema?
2. Como ele faz você se sentir?
3. Que imagens contribuem para esse sentimento?
4. Quais são os fortes cheiros descritos nesses versos?
5. O que seu corpo sente?
6. O que você ouve?

Exercício 2

Na maior parte do tempo, passamos de um dia para outro sem tomar conhecimento do mundo à nossa volta. Um grande motivo disso é o fato de estarmos perdidos em nossos pensamentos. Raras vezes, se é que em alguma ocasião, estamos presentes por inteiro. Hoje, dê um breve passeio por um caminho que você conheça. Tente se livrar do desfile contínuo dos seus pensamentos. Apenas observe ativamente tudo ao seu redor. Capte o cenário na sua mente como faria T. S. Eliot. Quando chegar em casa, anote cinco coisas que viu ou ouviu e que jamais havia percebido antes.

Cinco coisas novas que percebi

1. ______________________________
2. ______________________________
3. ______________________________
4. ______________________________
5. ______________________________

Dia 2: esconde-esconde

Habilidade: observação ativa

Número de exercícios: 3

Você já ouviu a expressão "Ele vê as árvores e não a floresta"? Algumas pessoas vêem os detalhes, mas não o conjunto, enquanto outras enxergam o conjunto, e não os detalhes. Nos três exercícios a seguir, você terá que usar mais uma vez a observação ativa para perceber os detalhes e o todo.

Exercício 1

Examine a cena no cinema durante 20 segundos, cubra a ilustração e responda a estas perguntas:

1. Que comida é mostrada na cena? ______________________
2. O que fazem a pessoa mais velha e a mais nova? __________
3. Que tipo de jóia as mulheres usam? ___________________
4. Quantos homens e mulheres há na cena? ________________
5. Quantas pessoas estão de óculos? ______________________
6. De que outros detalhes você se lembra? _________________

Como se saiu? Para outro desafio, tente o mesmo exercício com uma foto num livro ou numa revista. Peça a um amigo que componha as perguntas. De quantos detalhes você consegue se lembrar?

Exercício 2

O que há de errado nesta ilustração? Veja se descobre os 10 detalhes incorretos, depois verifique as respostas no fim do capítulo.

Exercício 3

O quadro a seguir mostra vários objetos. A maioria aparece duas vezes, mas *três* deles são mostrados apenas uma vez. Observe todas as figuras até encontrar essas três. Não faça círculos em torno delas por enquanto. Em vez disso, mantenha-as na memória de curto prazo. Quando achar que as identificou com certeza, volte e desenhe os círculos. Verifique as respostas no fim deste capítulo.

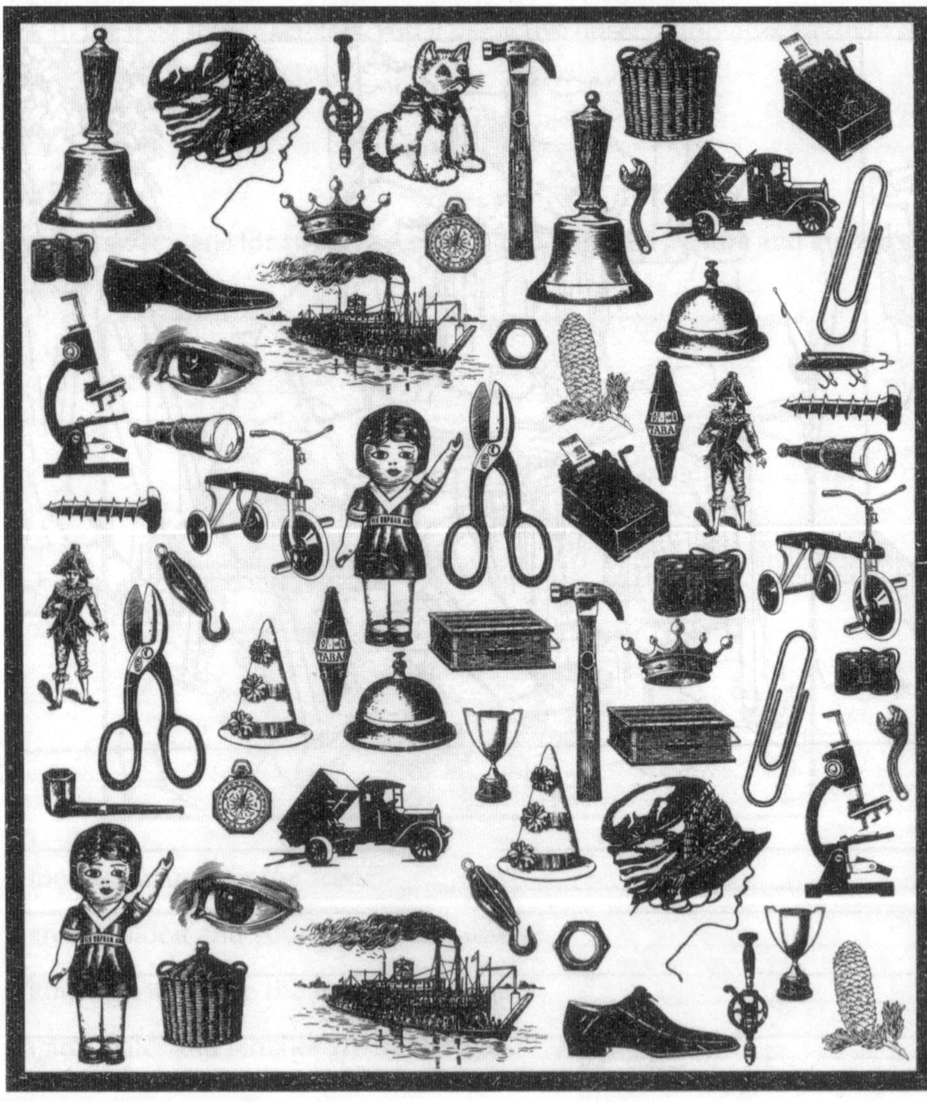

Dia 3: imagine só

Habilidade: visualização

Número de exercícios: 3

Sessenta por cento da população assimila melhor as informações por meio de imagens visuais. Para essas pessoas, "uma imagem vale mais do que mil palavras" quando se trata de se lembrar de informações. Ao ler os exemplos a seguir, veja como são marcantes e até amalucadas as imagens que podem ser criadas para melhorar a memória.

Exemplo 1

Joana quer poupar tempo e dinheiro comprando livros em inglês on-line para seus cursos de idiomas estrangeiros na faculdade. Uma colega de sala diz a ela que muitos estudantes estão adquirindo os livros pelo site www.amazon.com. Para ajudá-la a se lembrar desse endereço eletrônico, Joana visualiza seu computador no meio da selva amazônica cercado por gorilas intelectuais com becas de professor e lendo livros universitários.

Exemplo 2

Na volta do trabalho para casa, Tânia se lembra de que ainda não cancelou a consulta com o dentista. Se não fizer isso, terá que pagar mesmo que não vá. Para lembrar-se de telefonar quando chegar em casa, ela imagina uma gigantesca escova de dentes vermelha em forma de soldado montando guarda à sua porta.

Exemplo 3

A filha de Maria tem mais facilidade para se lembrar das coisas quando a informação é apresentada em termos visuais. Por isso, ela deixa à filha a seguinte mensagem visual:

Mensagem: escute o bebê.

Exercício 1

Crie imagens visuais incomuns ou até amalucadas para ajudá-lo a se lembrar dos itens a seguir. Descreva em palavras as imagens que inventar.

1. Você quer se lembrar de que tem de ir à campanha de doação de sangue realizada pelo Corpo de Bombeiros.

2. Você precisa se lembrar de ligar para o consultório do médico e programar as vacinas contra alergia.

3. Você tem que se lembrar de pegar um vestido de festa na lavanderia.

Exercício 2

Crie uma mensagem com símbolos para ajudá-lo a se lembrar de fazer as seguintes tarefas:

1. Depositar o lixo na lixeira do prédio antes do meio-dia.

2. Olhar sua caixa de correspondência na garagem antes de pegar o elevador.

3. Dar remédio de verme ao seu cão.

4. Comprar flores para sua assistente.

Exercício 3

Embora seja pouco utilizada, a memória visual é um instrumento muito poderoso para assimilar e recuperar informações. Neste exercício, você vai tentar decorar uma lista: primeiro sem a ajuda desse recurso, depois com o auxílio dele.

Rodada 1

Você tem 20 segundos para decorar os nomes dos sete pecados capitais, listados a seguir. Em seguida, cubra a lista e escreva todos os nomes de que conseguir se lembrar.

Avareza	____________	____________
Gula	____________	____________
Inveja	____________	____________
Ira	____________	____________
Luxúria	____________	____________
Orgulho	____________	____________
Preguiça	____________	____________

Rodada 2

Crie uma imagem visual bem vívida para acompanhar cada um dos pecados capitais. Se possível, combine dois deles numa só imagem. Observe os pecados e suas imagens correspondentes durante 20 segundos. Depois cubra a lista e relacione todos os pecados de que se lembrar.

Pecado	**Imagem**
Avareza	*O Tio Patinhas segurando com toda a força um saquinho de dinheiro.*
Gula	____________
Inveja	____________
Ira	____________
Luxúria	____________
Orgulho	____________
Preguiça	____________

Observação: A maioria das pessoas se lembra de mais palavras na *rodada 2*, por se tratar de um segundo contato com esses termos e por causa dos apelos visuais.

Dia 4: ritmo & rima

Habilidade: verbalização
Número de exercícios: 3

Cerca de 40% da população é predominantemente verbal. Essas pessoas assimilam melhor as informações e se lembram delas com mais facilidade por meios auditivos – usando rimas, músicas, frases feitas e repetição.

Exemplo 1

A seguir, exemplos de rimas comuns e frases feitas utilizadas para nos ajudar a recuperar informações.

Trinta dias tem novembro,
abril, junho e setembro.
Com 28 só há um,
Os restantes, 31.

Relâmpagos ao norte, vento forte,
Se do sul vêm, chuva também.

Exemplo 1

Para se lembrar de comprar velas, bolo, chocolate, gelatina e sorvete para a festa de aniversário do filho, Michele compõe a seguinte "rima" infantil.

Velas, bolo, chocolate, sorvete e gelatina.
Quando vê tudo isso, a garotada cai em cima.

Exemplo 3

José precisa parar na loja de material de escritório e comprar os seguintes artigos para seu gerente: papel A4, uma caixa de clipes, 12 CD-ROMs, um novo calendário de mesa e cartuchos para impressão em cores. Ele não sente necessidade de anotar os itens, pois a lista é curta e conhecida. Enquanto segue de carro até a loja, começa a cantar uma música inventada e vai formando os versos com o material de escritório. Veja a seguir.

No primeiro dia de trabalho, o gerente me pediu que comprasse
Uma resma de papel A4.

No segundo dia de trabalho, o gerente me pediu que comprasse
Uma caixa de clipes
E uma resma de papel A4.

No terceiro dia de trabalho, o gerente me pediu que comprasse
Doze CD-ROMs,
Uma caixa de clipes
E uma resma de papel A4.

No quarto dia de trabalho, o gerente me pediu que comprasse
Um novo calendário de mesa,
Doze CD-ROMs,
Uma caixa de clipes
E uma resma de papel A4.

No quinto dia de trabalho, o gerente me pediu que comprasse
Cartuchos para impressão em cores,
Um novo calendário de mesa,
Doze CD-ROMs,
Uma caixa de clipes
E uma resma de papel A4.

O tipo de repetição cumulativa usado por José é semelhante ao empregado em muitos jogos de memória infantis. Nessas brincadeiras, alguém pega um tema como "Irei a um piquenique e vou levar...", e cada pessoa acrescenta uma coisa. Antes de adicionar algo novo, o participante tem que repetir todos os itens já mencionados e na mesma ordem. Isso pode ser feito por adultos simplesmente escolhendo-se um tema mais apropriado. É um excelente exercício de memória para longos trajetos de carro.

Exercício I

Leia cada rima em voz alta duas vezes, depois cubra e responda à pergunta.

Trinta dias tem setembro,
abril, junho e novembro;
Todo o resto, 31;
Menos o mês segundo,
Que só 28 dias tem
Até o ano que aos 29 vem.

1. Quantos meses têm 30 dias?
2. Indique três meses que têm 31 dias.
3. Quantos dias há em fevereiro num ano bissexto?

Exercício 2

Complete cada rima a seguir para ajudar a se lembrar de informações importantes.

1. **Informação**: Seu carro é um Ford Ka e está no nível A do estacionamento.

   Rima: Meu carro é um __________, eu estacionei no nível ____ _____.

2. **Informação:** No fim do telejornal da noite, você tem que se lembrar de ligar para o restaurante e pedir a comida.

   Rima: *Se eu não ligar _______, vou ficar sem ________.*

3. **Informação:** Você não pode se atrasar para uma reunião de negócios no salão de conferência Mar.

   Rima: *A reunião é no salão de conferência _____, devo correr para não me __________.*

Exercício 3

Já imaginou como os garçons num grande café se lembram de cada pedido individual em questão de segundos? Para mim, isso é algo fantástico. Contudo, muitos deles usam uma técnica de memória verbal comprovada. Memorizam rápido cada pedido especial com a mesma seqüência repetida várias vezes. Veja esta possível seqüência:

- Tamanho (pequeno, médio, grande)
- Descafeinado (se cafeinado, saltam o item)
- Calda (creme, baunilha, avelã)
- Leite (integral, desnatado, semidesnatado)
- Puro, com açúcar ou adoçante
- Acompanhamento (biscoito, chocolate, torta)

Se você é freqüentador desses lugares, repita a seqüência várias vezes em voz alta, inserindo os ingredientes da sua preferência. Depois cubra a lista e tente incluir o pedido de um novo produto, usando a mesma seqüência.

Dia 5: ligações quentes

Habilidade: associação
Número de exercícios: 3

Para tornar mais importante o dado que você deseja, relacione a nova informação com as que o cérebro já tem. Use uma imagem mental ou história marcante para conectá-las. As associações pessoais e emocionais criam os mais fortes identificadores de memória.

Exemplo 1

Célia tem que escolher uma senha para o e-mail de sua nova empresa – deve ser uma da qual ela não possa se esquecer e que seja difícil para alguém adivinhar. A pessoa para quem Célia escreve com mais freqüência é seu representante de vendas, que passa a maior parte do tempo viajando. Pensando nessa associação, ela escolhe "representante-viajante" como a nova senha.

Exemplo 2

O Sr. Silva precisa pegar o ônibus para ir ao novo apartamento de um amigo, que o mandou saltar na esquina da Rua Pernambuco com a Avenida das Mangueiras. Ele liga Pernambuco à sua terra natal e Avenida das Mangueiras à sua fruta preferida.

Exemplo 3

Para lembrar-se de comprar xampu, chiclete, pasta de dentes e aspirina, Lúcia associa os itens nesta história:

Uma mulher entra numa farmácia. Tem os cabelos grudados na cabeça de tão oleosos. Ela masca ruidosamente um chiclete. Os dentes amarelos precisam de uma pasta. Quando o atendente da loja a vê, sente uma forte dor de cabeça e precisa tomar uma aspirina.

Exercício 1

Imagine que você precisa escolher para sua sala de bate-papo na internet uma senha que nenhum dos seus amigos ou parentes adivinhe. Que palavra de seis a oito letras, importante para você, seria selecionada?

Exercício 2

Suponha que você tenha trocado de carro e precise memorizar as três letras e os quatro números da placa. Como você encontraria um significado especial para elas?

Em seguida, veja os caracteres atuais da placa do seu carro ou de um membro da sua família ou de um amigo. Tente memorizá-los encontrando associações conhecidas com as letras e os números. Veja a seguir um exemplo de como a placa se transforma em uma mensagem fácil de memorizar.

Placa	Significado conhecido
AMF-0612	Amo meu filho que nasceu no mês 6 dos 12 meses do ano.

Exercício 3

Para ajudá-lo a se lembrar de palavras sem relação em cada linha, junte-as numa ou duas frases com sentido (procure combiná-las numa só sentença, se possível). Fique à vontade para fazer associações malucas e imaginativas. Depois de criá-las, leia cada linha e a frase correspondente, uma a uma. Cubra as palavras e a frase. Em seguida, escreva todas as palavras de que conseguir se lembrar naquela linha.

Palavras	Frase
Exemplo: *gelo, pé, abelha*	Meu *pé* foi picado por uma *abelha* e eu tive que colocar *gelo* em cima.
a. pneu, sabão, banana	
b. sonho, centavo, barbeiro, flor	
c. computador, envelope, dia, celular	
d. raquete, água, meias, carro, cobertor	
e. pão, leite, geléia, manteiga, batata frita, refrigerante	

Dia 6: acrônimos & acrósticos

Habilidade: associação com a primeira letra
Número de exercícios: 2

Itens a serem lembrados podem ser relacionados com facilidade usando-se as primeiras letras das palavras envolvidas. Chama-se essa técnica de memória de associação com a primeira letra. As duas variações mais populares são os *acrônimos* – em que se cria uma palavra com as primeiras letras daquilo que se quer lembrar – e os *acrósticos* – em que a primeira letra do tópico a ser recordado forma uma palavra ou sentença. Esses dois recursos são ensinados em algumas escolas para auxiliar no aprendizado.

Exemplo 1: acrônimos

- Petrobras: **Petró**leo **Bras**ileiro
- Contran – **Con**selho **N**acional de **Trân**sito
- Comlurb – **Com**panhia de **L**impeza **Urb**ana

Exemplo 2

A seguir, dois exemplos de acrósticos:

1. **Nada nunca sai sempre certo** – As regiões do Brasil: Norte, Nordeste, Sudeste, Sul, Centro-Oeste.

2. **André já sabe nadar** – Os meses do ano com 30 dias: abril, junho, setembro, novembro.

Exercício I

Examine as listas e depois seus acrônimos e acrósticos na *rodada 1*. Depois use os últimos para se lembrar dos itens na *rodada 2*.

Rodada 1

1. Estados da Região Sudeste: São Paulo, Rio de Janeiro, Espírito Santo, Minas Gerais.
   Acrônimo: SAREM

2. Tipos de vasos sangüíneos: veias, artérias, capilares.
   Acrônimo: VACA

3. Três princípios da memória: significado, atenção, imagem.
   Acrônimo: SAI

4. Estados da Região Sul: Paraná, Rio Grande do Sul, Santa Catarina.
   Acrônimo: PARIS

5. Divisões do corpo humano: cabeça, pescoço, tronco, membros.
   Acrônimo: CAPETROM

6. Tipos de vasos sangüíneos: veias, artérias, capilares.
   Acróstico: Vasos ajudam o coração.

7. Países fundadores da União Européia: Holanda, Itália, Bélgica, Alemanha, França, Luxemburgo.
   Acróstico: Homens inteligentes bebem água fresca limpa.

8. Vitaminas do complexo B: tiamina, riboflavina, niacina, pantotenato, piridoxina, biotina, folato, ciano cobalamina.
   Acróstico: Trinta ricaços notívagos pararam para beber, falar e comer.

9. Ponto mais alto do relevo brasileiro e o estado onde se localiza: Pico da Neblina, Amazonas.
   Acróstico: Patrulha da noite avança.

10. Lobos do córtex cerebral: parietal, frontal, temporal, occipital, ínsula.
    Acróstico: Peixes frescos têm olhos iluminados.

Rodada 2

1. Cite os estados da Região Sudeste usando o acrônimo SAREM.
   ____
   ____

2. Cite os tipos de vasos sangüíneos usando o acrônimo VACA.
   ____
   ____

3. Cite os três princípios da memória usando o acrônimo SAI.
   ____
   ____

4. Cite os estados da Região Sul usando o acrônimo PARIS.
   ____
   ____

5. Cite as divisões do corpo humano usando o acrônimo CAPETROM.
   ____
   ____

6. Cite os tipos de vasos sangüíneos usando o acróstico "Vasos ajudam o coração".
   ____
   ____

7. Cite os países fundadores da União Européia usando o acróstico "Homens inteligentes bebem água fresca limpa".
   ____
   ____

8. Cite as vitaminas do complexo B usando o acróstico "Trinta ricaços notívagos pararam para beber, falar e comer".
   ____
   ____

9. Cite o ponto mais alto do relevo brasileiro e o estado onde se localiza usando o acróstico "Patrulha da noite avança".

10. Cite os lobos do córtex cerebral usando o acróstico "Peixes frescos têm os olhos iluminados".

Exercício 2

Forme acrônimos e acrósticos que o ajudem a se lembrar das informações a seguir. Fique à vontade para reordenar os artigos na lista, a fim de facilitar o trabalho.

1. Você precisa pagar as contas de luz, telefone, água e gás. Componha um acróstico que o ajude a se lembrar de fazer esses pagamentos hoje.

2. Você vai à Europa numa viagem de negócios. Não pode se esquecer do passaporte, do celular, da passagem e do remédio que está tomando. Crie um acrônimo que o faça se lembrar desses itens importantes.

3. Você está indo ao supermercado comprar alguns dos ingredientes necessários para preparar seu bolo favorito. São eles: maçã, canela, ovos, nozes e açúcar mascavo. Invente um acrônimo ou acróstico para se lembrar deles.

4. Entre os alimentos com antioxidantes estão: morangos, amoras, chocolate e vinho tinto. Formule um acróstico para se lembrar dos nomes desses itens que protegem o cérebro.

5. As cinco habilidades de memória incluem: observação ativa, visualização, verbalização, associação e classificação. Faça um acróstico que o ajude a se lembrar delas.

6. Você tem que saber quais são os sete pecados capitais para a aula de religião. Crie dois acrósticos ou acrônimos para ajudá-lo a se lembrar deles: avareza, gula, inveja, ira, luxúria, orgulho e preguiça.

Dia 7: segmentos

Habilidade: classificação
Número de exercícios: 2

A classificação nos permite decompor grandes quantidades de informação em partes menores e mais fáceis de lembrar. Com base na pesquisa do psicólogo George A. Miller, de Harvard, podemos guardar cerca de sete itens de informação na memória de curto prazo.[3] Se o tópico a lembrar for estranho ou complexo, o limite de classificação cai para três ou quatro itens.

Exemplo 1

Vivemos numa sociedade de números e códigos. Por serem importantes, muitos deles são pré-agrupados segundo o princípio de Miller. Veja exemplos de números comuns que foram pré-agrupados:

Tipo de número	Exemplos
CPF	883.098.874-54
CEP	22251-001
Cartão de crédito	3764 0144 2077 3318

Exemplo 2

Jaime, gerente de vendas, classificou em dois grupos as tarefas que precisa realizar hoje. Depois transformou os tópicos de cada um deles em acrônimos.

Equipe de comunicação (Meta)

Mandar e-mail atualizando o supervisor.
Enviar relatórios de vendas à equipe.
Telefonar para a assistente administrativa e fornecer os dados solicitados.
Atender a ligação para a conferência com os gerentes regionais.

Comunicação com o consumidor (Ler)

Ligar para o cliente sobre o atraso na entrega do produto.
Escrever os textos dos folhetos que apresentam os lançamentos do trimestre.
Revisar os textos das propostas de vendas a serem encaminhadas na semana.

Exemplo 3

Joaquim quer pedir aos pais um cão de presente de aniversário. Pesquisou muito e gostou em particular da raça *terrier*. Ele planeja defender o pedido usando a seguinte hierarquia por grupo:

Cães da raça *terrier*

Patas longas	**Patas curtas**	***Toy***
airedale	*cairn*	*yorkshire*
wheaten	*Scottish* (escocês)	*silky*

Exercício 1

Relacione cada uma das listas de itens a seguir em dois grupos de informação importantes. Depois, crie um título para cada uma delas. A primeira lista já foi classificada e rotulada. Veja as soluções no fim deste capítulo.

A. **Itens**: bola de basquete, carta, laranja, livro, moeda, jornal

Coisas redondas	**Coisas que lemos**
bola de basquete	carta
laranja	livro
moeda	jornal

B. Itens: fogo, sol, gelo, inverno, geleira, chocolate quente

C. Itens: lenço de papel, bebê, computador, lixa, tijolo, barba, casaco de pele

D. Itens: selos, torneira, lágrima, papeleta adesiva, cola, picolé

E. Itens: carvão, neve, pneu, alcatrão, sorvete de nata, urso-polar

Exercício 2

Organize uma lista de 8 ou 10 tarefas que você precisa realizar em sua vida pessoal ou profissional nesta semana. Classifique essa relação em dois ou três grupos importantes. Em seguida, crie um título para cada um deles.

Coisas a fazer	**Classificações**
______________________________	
______________________________	
______________________________	
______________________________	
______________________________	
______________________________	
______________________________	
______________________________	
______________________________	
______________________________	

Observação: Invente títulos comuns para as categorias das *listas de afazeres* em casa e no trabalho, como "ligações interurbanas", "compromissos", "respostas" e "compras". Eles serão memorizados com facilidade e servirão como uma relação mental de verificação das tarefas diárias.

Coluna de aconselhamento do Dr. Cérebro em Forma

Caro Dr. Cérebro em Forma,

É sabido que o estresse cobra um preço alto do nosso bem-estar físico. Que efeito ele tem sobre a memória?

–José

Caro José,

O estresse não é amigo da memória nem da agilidade mental.

O estresse e a memória

Há muitas histórias sobre lapsos de memória em situações de estresse, como a de um ator principiante que sobe ao palco na noite de estréia e de repente se esquece do texto.

Segundo a revista *Science*, uma equipe de pesquisadores revela o que ocorre em momentos assim. Quando as pessoas ficam tensas, muitas vezes elas perdem o controle. Acredita-se que as situações marcadas pela falta de controle ativam uma enzima no cérebro chamada proteína quinase C, ou PKC. Descobriu-se que ela prejudica a memória de curto prazo e outras funções no córtex pré-frontal, parte do cérebro associada aos processos decisórios. Assim, afeta não apenas a memória como também a capacidade de tomar decisões.[4]

Estudando ratos, pesquisadores da Universidade da Califórnia, em Irvine, constataram que os problemas de memória durante situações de estresse se devem a níveis elevados do hormônio cortisol, que é secretado pelas glândulas adrenais, localizadas próximo aos rins.[5]

As reações bioquímicas do corpo ao estresse foram mecanismos de proteção fundamentais para o homem primitivo, que precisava estar muito atento às mudanças no meio ambiente. Não ouvir o barulho de um graveto se partindo na mata o expunha ao perigo e até à morte.

Infelizmente, hoje muita gente ainda reage com níveis elevados de estresse a fatos cotidianos que desencadeiam a tensão, como um engarrafamento de trânsito, uma prova ou uma jogada ruim no tênis.

Estudos mostram que a maior parte das pessoas admite sentir estresse pelo menos uma vez por dia. O efeito cumulativo disso é um perigo real e presente quando se trata da saúde mental e cerebral. A maioria dos cientistas acredita que, quando duradoura, a exposição ao estresse, mesmo em baixos níveis, pode acelerar o envelhecimento do cérebro. A prática de atividades que reduzem o estresse, como meditação, ioga e exercícios aeróbicos, é bastante benéfica a longo prazo. Para aliviar a tensão do momento, procure respirar profundamente e devagar. Feche os olhos e visualize um lugar calmo. Adotar medidas para controlar o estresse é importante para preservar a saúde do cérebro e a qualidade de vida.

Soluções

Dia 2: Exercício 2. 1. Falta um sapato. 2. A cadeira tem apenas três pernas. 3. Falta uma barra no encosto da cadeira. 4. A mesa de desenho está sem uma das pernas. 5. Uma das mangas da camisa do menino é curta e a outra é comprida. 6. Embora acesa, a lâmpada não está ligada na tomada. 7. Uma das pernas da calça do menino é comprida e a outra é curta. 8. A raiz da árvore brotou no piso. 9. O quadro está de cabeça para baixo. 10. A cascata no quadro corre para dentro da sala.

Dia 2: Exercício 3. Os objetos que só aparecem uma vez são o gato, o cachimbo e a isca de peixe.

Dia 7: Exercício 1. B. quente/frio, C. macio/áspero, D. pinga/gruda, E. branco/preto.

Capítulo quatro

Lembrando quem

"Jamais me esqueço de um rosto. Mas, no seu caso, ficarei feliz em abrir uma exceção."

– Groucho Marx

O que há num nome?

Veja se a situação a seguir já lhe aconteceu algum dia. Você encontra um velho conhecido e começa a bater papo. Lembram-se da juventude e das atividades dos dois, anos mais tarde, no Centro Acadêmico da Faculdade. No entanto, por mais que se esforce, você não se lembra do nome dele. Como consegue se recordar do rosto dessa pessoa (você a conhece) e de informações pessoais (já foram colegas) e não é capaz de se recordar do seu nome?

Os cientistas têm teses interessantes sobre o motivo disso.

Todas as teorias sobre reconhecimento de nomes começam com o mesmo princípio básico. Reconhecer uma imagem visual (um rosto) é um processo cerebral mais fácil do que lembrar um fato (o nome da pessoa). Isso explica, em parte, por que tantas habilidades de memória utilizam pistas visuais. Segundo uma das teorias, o cérebro armazena lembranças de rostos numa região diferente daquela em que guarda registros de nomes. Assim, para dar nome a um rosto, as informações devem ser recuperadas de partes diferentes do cérebro e depois reunidas.

Segundo outra teoria, a lembrança de nomes é um processo de três etapas. Em cada uma delas, o cérebro tem que reconhecer uma peça-chave da informação ou lembrar-se dela em seqüência. Em primeiro lugar, deve identificar os *traços faciais*. Em seguida, precisa ligar esses traços aos *dados pessoais* (como estado conjugal, ocupação, idade, etc.). Uma vez acessados esses dois tipos de informação, o caminho está livre para o cérebro se lembrar do *nome*. Qualquer falha no processo impedirá que o nome venha à memória. Veja a seguir uma ilustração do processo:

Traços faciais	Dados pessoais	Nome
	Professora de português no ensino fundamental Dava provas dificílimas Muito exigente com a disciplina	Dona Teresa

Às vezes, esse processo se dá tão rápido que mal chegamos a percebê-lo. Em outros casos, temos uma dolorosa consciência dele: é quando precisamos nos esforçar para atribuir um nome a um rosto conhecido. Veja um exemplo de como isso ocorre. Imagine que você está caminhando por uma rua e, de repente, vê alguém familiar (*traços faciais reconhecidos*) andando em sua direção. Quando a pessoa se aproxima, você percebe que é o ex-treinador de futebol do seu filho (*dados pessoais lembrados*). Mas como ele se chama? "Oi, rapaz!", você diz, para ganhar tempo. "Como vai?", pergunta, na esperança de obter outras pistas pessoais. Ele começa a falar do campeonato de futebol infantil daquele ano. Em seguida, diz que a mulher, Heloísa, está em casa trabalhando na organização da campanha de arrecadação de fundos para o evento. De repente, com todas as informações extras, o nome surge na sua cabeça. Ele se chama Cláudio Neves. Você encerra a conversa dizendo: "Cláudio, foi um grande prazer ver você. Lembranças à Heloísa." Em casos assim, quando se trata de uma pessoa que não vemos há muito tempo, talvez sejam necessários muitos dados pessoais para trazermos o nome à memória. Um dos mais famosos versos de *Romeu e Julieta*, de Shakespeare, pergunta: "O que há num nome?" Aparentemente muita coisa quando se trata de lembrá-lo!

Dicas de memória para lembrar-se de nomes

1. Quando for apresentado a alguém, preste atenção no nome da pessoa.
2. Olhe, escute, repita (observe um traço facial dominante, ouça o nome e repita-o).
3. Pense em meios de associar esse nome a outros que o cérebro já conhece:
   a. ocupação – cantor, mordomo, jardineiro
   b. marcas conhecidas – Microsoft, Nike, IBM
   c. gente famosa – Fernanda Montenegro, Faustão, Chico Buarque
   d. figuras ligadas à religião – Jesus, Maria, João Batista
   e. animais ou coisas – rocha, leão, oliveira
4. Crie rimas com nomes (por exemplo, Helena Pena).
5. Crie adjetivos descritivos usando aliteração (a repetição dos mesmos sons no início das palavras. Por exemplo, Francisco Franco).
6. Assimile fatos interessantes sobre a pessoa que sirvam de estímulo à memória depois.
7. Quando conhecer alguém, preste atenção nas circunstâncias do encontro, tais como onde ocorreu e quem os apresentou. Esses dados servem como estímulos posteriores à memória.
8. Use ajuda física:
   a. Troquem cartões de visita ou comerciais.
   b. Num evento, peça ao organizador que forneça crachás aos participantes.
   c. Distribua ou peça listas de nomes antes de reuniões, debates, festas, etc.
9. Não entre em pânico quando sabe que conhece a pessoa mas não se lembra do nome dela.
   a. Não se sinta constrangido, afinal todos nós esquecemos nomes de vez em quando.
   b. Diga: "Eu sei o seu nome, está na ponta da língua."
   c. Substitua o nome por um termo genérico – como rapaz, meu caro ou minha querida – para ganhar tempo.

d. Informe a pessoa de que você está tendo um branco e não consegue se lembrar do nome dela e peça-lhe, por favor, que o diga.
e. Discretamente, pergunte a alguém o nome da pessoa.

10. Treine para se lembrar de nomes em situações do dia-a-dia. Tente se recordar dos nomes de atendentes, vendedores, caixas de banco, comissários de bordo, assistentes de clientes, pais de amigos dos seus filhos, etc.

Qual é o objetivo da ginástica para a memória?

Além de treinarem os fundamentos da sua modalidade esportiva, muitos atletas se concentram em exercitar os músculos de que necessitam especificamente para brilhar em seu esporte. Para evitar excesso de esforço de determinado grupo muscular, muitas vezes eles alternam os programas de ginástica, dedicando-se num dia ao abdômen e no outro aos músculos dos braços ou das pernas. Agora que você já domina as habilidades fundamentais da memória – *observação ativa*, *visualização*, *verbalização*, *associação* e *classificação* –, exercite os diferentes "grupos de músculos" ligados a ela. Eles incluem lembrar *quem*, *o quê*, *quanto*, *quando* e *onde*. O foco desta semana é lembrar *quem*.

Vamos malhar!

Bem-vindo à estação *Lembrando quem*. Com a prática dos exercícios desta semana, você fortalecerá sua capacidade de se lembrar de nomes. Aprenderá a usar determinadas habilidades de memória para ter mais facilidade de identificar nominalmente um rosto. Essas técnicas o ajudarão a armazenar nomes importantes na memória de longo prazo e resgatá-los sem dificuldade quando necessário.

Plano semanal de exercícios

A tabela a seguir estabelece as atividades do programa Cérebro em Forma para a estação *Lembrando quem*. Cada dia de exercícios é precedido por uma introdução, que relaciona as habilidades de memória a serem usadas e fornece exemplos de aplicação.

Dia	Nome do exercício	Habilidades	Páginas
1	imagine só	visualização associação	91-92
2	criação de imagem	verbalização visualização associação	93-95
3	identificação de traços faciais predominantes	visualização observação ativa associação	95-99
4	exercício "cabeça em branco"	observação ativa associação	99-100
5	contato com o nome	verbalização visualização	101-105
6	som	verbalização	105-106
7	Quem está na equipe?	associação com a primeira letra	107-108

Dia 1: imagine só

Habilidades: visualização e associação
Número de exercícios: 1

Alguns nomes trazem imagens embutidas que podemos usar para guardá-los na memória. Empregar a capacidade de visualizar imagens é uma maneira divertida e fácil de aumentar o reconhecimento e a recuperação de nomes.

Exemplo 1

Sua nova vizinha é Rosa Leitão. Lembrar-se de nomes nunca foi o seu forte e, com a idade, isso se tornou ainda mais desafiador. Aplicando a habilidade de visualização da memória, você logo reconhecerá que Rosa Leitão é um nome com uma imagem implícita. *Rosa* remete ao mesmo tempo a uma flor e a uma cor que podem ser visualizadas mentalmente. *Leitão* evoca a figura de um animal conhecido. Você pode criar a imagem de um leitão cor-de-rosa. Para associá-la ao nome, imagine sua vizinha comendo um leitão cor-de-rosa no almoço.

Exemplo 2

A sua nova representante de serviço ao cliente chama-se Margarida Jardim. Use a imagem proporcionada pelo nome e visualize essa flor num jardim.

Exercício 1

Veja a seguir uma lista de 12 nomes. Cada um deles tem imagens implícitas. O primeiro já foi feito para você. Depois de visualizar imagens associadas a cada nome, cubra a coluna A. Em seguida, descreva as imagens que criou na coluna B. Veja de quantos nomes consegue se lembrar com as imagens inventadas. Na coluna C, anote aqueles de que se recorda.

A. Nome	B. Imagem concreta	C. Nome
1. *Ângelo Flores*	*Um anjo rodeado por flores.*	________
2. Ítalo Cruz	________	________
3. César Cruz	________	________
4. Dolores da Mata	________	________
5. Hortência Rios	________	________
6. Felício Pires	________	________
7. Júlio Rocha	________	________
8. Bárbara Quadros	________	________
9. Gabriel Pena	________	________
10. Íris Leite	________	________
11. Narciso Fontes	________	________
12. Clara Bandeira	________	________

Dia 2: criação de imagem

Habilidades: verbalização, visualização e associação

Número de exercícios: 2

Nem todos os nomes possuem imagens implícitas, mas muitos deles nos permitem criá-las. Usar os sons de um nome muitas vezes nos faz perceber imagens que não estavam aparentes. Veja um processo que você pode empregar para explorar o potencial de imagem em quase qualquer nome.

1. Divida o nome em sílabas (ignore as regras da gramática para poder criar sons e imagens com significado).
2. Pronuncie as sílabas em busca de palavras ou sons que desencadeiem imagens.
3. Invente imagens mentais marcantes.
4. Associe as imagens e o nome num pitoresco quadro mental.

Exemplo 1

Indicaram a você o cabeleireiro Romeu Vilaverde. Disseram-lhe que ele é muito temperamental e prefere ser chamado pelo nome completo. Para ter mais facilidade de se lembrar do nome, use o processo descrito acima. *Vilaverde*, se decomposto em sílabas (vila-verde), lembra a imagem de uma vila em meio ao verde. Para se recordar do primeiro nome, basta pensar no personagem de Shakespeare.

Exemplo 2

Na semana passada, você foi apresentado à nova presidente da Associação de Pais de Alunos. Ela se chama Rosana Capela. Isso lembra rosa na capela. Para ter certeza de que vai se lembrar desse nome na próxima reunião da entidade, imagine rosas no interior de uma capela.

Exemplo 3

Em alguns casos, apesar dos nossos esforços, é difícil converter nomes em imagens. Nessas situações, precisamos de muita criatividade. Use humor, exagero e vôos de imaginação para fazer isso. Por exemplo:

Nome	Sílabas	Som parecido	Imagem concreta
Mascarenhas	Masca-renhas	Mascar aranhas	Alguém mascando aranhas
Carolina	Caro-lina	Carro linha	Dois carros atados por uma linha
Barcelos	Bar-celos	Bar selos	Bar cheio de selos

Exercício I

Sua meta é produzir uma imagem concreta que o ajude a se lembrar dos nomes relacionados na coluna A. Os nomes foram transformados em sílabas na coluna B. Seu trabalho é preencher as colunas C e D. Veja de quantos nomes você se recorda usando as imagens que criou na coluna D. Anote num pedaço de papel aqueles de que se lembrar. Veja as respostas possíveis no fim deste capítulo.

A	B	C	D
Nome	**Sílabas**	**Som parecido**	**Imagem concreta**
1. Mendonça	Mend-onça	______	______
2. Clodoaldo	Clodo-aldo	______	______
3. Orofino	Oro-fino	______	______
4. Feliciano	Feli-ciano	______	______
5. Armandino	Arman-dino	______	______
6. Constantino	Constan-tino	______	______
7. Jaciara	Jaci-ara	______	______
8. Lindenberg	Lind-enberg	______	______
9. Canavaro	Cana-varo	______	______

Exercício 2

No exercício de encontrar os pares apresentado a seguir, associe cada um dos nomes à imagem apropriada. Depois, compare suas respostas com as soluções possíveis no fim deste capítulo.

Nomes	Imagem
1. Frederico	a. Uma anta flutuando no ar.
2. Pereira	b. Uma ladeira íngreme.
3. Antares	c. Uma pessoa vestida de grama.
4. Arvoredo	d. Um badalo no ar.
5. Landeira	e. Um homem rico fedido.
6. Matoso	f. Uma alameda.
7. Valqueire	g. Um rodo e um balde.
8. Montenegro	h. Uma pereira carregada.
9. Abdala	i. Uma montanha escura.
10. Rodovaldo	j. Uma grande extensão de valas.

Dia 3: identificação de traços faciais predominantes

Habilidades: visualização, observação ativa e associação

Número de exercícios: 2

Como você sabe, imagens visuais produzem poderosos estímulos para a memória. Do mesmo modo que a personalidade de um indivíduo é única, suas feições também são. Relacionar um traço facial ou outra característica física proeminente (como o cabelo) ao nome de alguém é uma técnica comprovada de melhorar a capacidade de lembrar nomes.

Quando você for apresentado a uma pessoa, preste atenção nos seus traços faciais ou físicos de maior destaque. Suas orelhas são muito grandes ou muito pequenas? Seu nariz é chato ou aquilino? Seus lábios são grossos e carnudos ou finos? Associe a característica dominante à pessoa.

Exemplo 1

Os cartunistas sempre fazem uma associação das pessoas famosas com seus traços faciais ou outras características predominantes. O presidente Lula muitas vezes é retratado com orelhas de abano; o ex-presidente Itamar Franco, com um alto topete.

Exemplo 2

Marcos se lembra de nomes inventando apelidos que incorporam uma característica física marcante da pessoa. Ele escolhe os traços que começam com a mesma letra do nome. Veja a seguir exemplos dos apelidos que usa.

Nome	**Traço predominante**	**Apelido**
Arnaldo	nariz aquilino	Arnaldo Águia
Célia	cílios longos	Célia Cílios

Exercício I

A seguir, uma lista de nomes de pessoas conhecidas. Procure se lembrar de um traço de destaque ligado a cada um deles. Se não reconhecer um nome, procure por ele e por sua imagem na internet ou peça a um amigo que refresque sua memória. O primeiro exemplo está feito para você. Veja as respostas possíveis no fim deste capítulo.

Nome	**Traço predominante**
1. *Ronaldinho Gaúcho*	*dentes grandes*
2. Einstein	______________
3. José Sarney	______________
4. Hugo Chávez	______________
5. Osama bin Laden	______________
6. Julia Roberts	______________
7. Adolph Hitler	______________
8. Daniela Cicarelli	______________
9. Fernando Henrique Cardoso	______________
10. Michael Jackson	______________

Exercício 2[1]

Rodada 1

Observe cada par de rostos abaixo durante cinco segundos. Identifique um traço dominante ou que chame a atenção em cada um deles. Na *rodada 2*, você deverá usar essas características para se lembrar dos rostos que formam par. Quando terminar de examiná-los, veja quantas combinações corretas conseguiu fazer. *Repita* todo o exercício *três* vezes.

Rodada 2

Combine os números com as letras corretas para recriar os pares de rostos.

1. ______________________ 4. ______________________

2. ______________________ 5. ______________________

3. ______________________ 6. ______________________

As normas para esse exercício são:

Primeira tentativa: duas combinações corretas para pessoas entre 60 e 70 anos de idade e três para quem tem de 18 a 23.

Segunda tentativa: duas corretas para os indivíduos mais velhos e quatro para os mais jovens.

Terceira tentativa: três corretas para os indivíduos mais velhos e cinco para os mais jovens.

Dia 4: exercício "cabeça em branco"

Habilidades: observação ativa e associação
Número de exercícios: 2

O próximo exercício chama-se "cabeça em branco": você combinará diferentes feições para formar um rosto, usando três tipos de habilidade de memória. Como estará trabalhando com habilidades múltiplas, talvez o processo pareça um pouco tumultuado no início. Com o tempo, porém, essa técnica torna-se bastante natural e divertida. Veja como funciona:

1. Identifique um traço facial marcante.
2. Procure uma imagem implícita no nome.
3. Associe mentalmente o "nome da imagem" à característica dominante.

Exemplo

A nova gerente da sua agência bancária chama-se Laura. Você tem uma pequena empresa e se comunica muito com a gerência, por isso é de seu interesse lembrar-se do nome dessa funcionária. Laura tem belos cabelos louros, um traço de destaque. Para memorizar o nome dela, associe-o à cor do seu cabelo: Laura/louro.

Exercício I

Agora você fará o exercício "cabeça em branco". Ele requer a aplicação de muitas habilidades, por isso seu grau de dificuldade é alto. Tenha paciência e divirta-se. Lembre-se: quanto mais desafiador o exercício, maior a atividade cerebral. O primeiro exemplo já está feito. Sua tarefa é preencher as colunas B (encontre uma imagem associada ao nome) e D (associe mentalmente a imagem ao traço de destaque). Se tiver tendências artísticas, desenhe a imagem da "cabeça em branco" num pedaço de papel em vez de usar palavras. Veja as soluções possíveis para a coluna D no fim deste capítulo.

A **Nome**	B **Imagem**	C **Traço predominante**	D **"Cabeça em branco"**
Esmeralda	*a cor verde*	*trança*	*Uma fita verde amarrando sua trança.*
1. Madeira	___________	Dentes partidos	___________
2. Carneiro	___________	Cabelos ruivos	___________
3. Jaci	___________	Pele branca	___________
4. Junqueira	___________	Olhos azuis	___________
5. Jade	___________	Bochechas salientes	___________

Exercício 2

Neste exercício, você criará nomes que destaquem uma feição predominante. Primeiro, observe cada um dos cinco rostos a seguir e faça um círculo em torno do traço mais marcante. Depois, crie para cada rosto um primeiro ou último nome que explore a característica demarcada. Por exemplo, se ele tiver *lábios finos*, dê-lhe o nome de *Rufino*.

____

____

____

____

____

Dia 5: contato com o nome

Habilidades: verbalização e visualização
Número de exercícios: 2

Quanto mais contato você tiver com um nome, maior a probabilidade de que se lembre dele. Por isso temos tanta facilidade para nos recordar do nome de celebridades e de pessoas infames que estão sempre no noticiário, entre políticos, artistas e criminosos. Ao contrário, quando só vimos uma pessoa na ocasião em que fomos apresentados a ela ou não a encontramos com freqüência, o pouco contato torna a lembrança do nome um desafio maior. Uma forma de trazê-lo à memória mais facilmente é ouvi-lo repetidas vezes.

Verbalização

- Repita o nome em voz alta.
- Escute com atenção quando outras pessoas o pronunciarem.

Visualização

- Veja como se escreve o nome.

Exemplo 1

Miguel está se preparando para um seminário internacional de comércio do qual participará em breve. Quando trabalha com povos de outros países, ele sempre pede com antecedência a relação dos participantes. Como sinal de respeito pelas outras culturas, quer ter certeza de que será capaz de pronunciar corretamente cada nome da lista. Ao examiná-la, vê um que na certa lhe dará trabalho. É indiano: Anuradha Baskhshi. Para ter certeza de que será capaz de se lembrar dele e pronunciá-lo corretamente, Miguel faz vários ensaios em voz alta até se sentir à vontade com os sons e sentir que estão fluindo naturalmente.

Exemplo 2

Amanda trabalha como guia na ONU. Está sempre conhecendo pessoas e tem que assimilar rápido os nomes. Toda vez que faz um novo contato, ela usa uma técnica simples de três etapas que associa verbalização e visualização. Primeiro, repete mentalmente o nome três vezes. Depois, o visualiza escrito na testa da pessoa numa cor primária bem forte. Por fim, imagina que o está escrevendo com uma caneta da mesma cor.

Exemplo 3

Quando somos apresentados a uma pessoa, uma forma comprovada de aumentarmos o contato com o nome é repeti-lo o maior número de vezes possível na conversa inicial. Veja um processo que você pode usar nessas situações, seguido de um exemplo. Talvez pareça meio complicado a princípio, mas, com o tempo, se torna bastante natural.

1. **Repita o nome**
   "Inez Matos, seja bem-vinda ao nosso clube do livro."

2. **Comentário sobre o nome**
   "O Inez do seu nome é com S ou com Z?"

3. **Mencione o nome na conversa**
   "Então, Inez, o que você achou da nossa coleção de livros?"

4. **Termine com o nome da pessoa**
   "Foi um prazer conhecê-la, Inez. Espero vê-la aqui novamente na próxima semana."

Exercício 1

Neste exercício, você desafiará seu cérebro a lembrar-se de nomes de pessoas que estejam sempre em destaque na mídia. Tente se recordar do máximo que conseguir em cada categoria ou desafie um amigo para uma competição. Estabeleça o prazo de um minuto para cada uma delas. Veja quem apresenta o maior número de nomes nesse tempo.

1. Artistas de televisão e cinema

   ____

   ____

   ____

2. Criminosos

   ____

   ____

   ____

3. Artistas plásticos

4. Escritores

5. Atletas

6. Apresentadores de noticiários

7. Políticos

8. Pilotos de Fórmula 1

9. Médicos

10. Cientistas

11. Top models

12. Músicos

____

____

____

13. Presidentes do século XX

____

____

____

13. Apresentadores de programas de entrevistas

____

____

____

Como se saiu? Certamente, você teve mais facilidade em algumas categorias do que em outras, dependendo das suas áreas de interesse pessoal.

Exercício 2

Veja, nas duas situações a seguir, como treinar o uso da repetição dos nomes durante a conversa. O processo está esquematizado para você. Seu trabalho é aplicar essas etapas a cada passo do diálogo. Leia-as em voz alta.

Situação 1: Você está sendo apresentada ao supervisor do seu marido numa festa. Seu marido trabalha no departamento de marketing da empresa. O supervisor dele se chama Rafael Souza.

1. Repita o nome.
2. Faça um comentário sobre o nome.
3. Use o nome na conversa.
4. Termine o papo com o nome da pessoa.

Situação 2: Pense numa situação comum em que você tenha acabado de conhecer alguém. Use o processo de repetição do nome para aumentar seu contato com ele.

1. Repita o nome.
2. Faça um comentário sobre o nome.

3. Use o nome na conversa.
4. Termine o papo com o nome da pessoa.

Como se saiu? O modelo de repetição é útil porque faz com que você preste realmente atenção no nome da pessoa. E é esse detalhe da verdadeira atenção que faz toda a diferença entre um nome lembrado e um nome esquecido.

Dia 6: som

Habilidade: verbalização
Número de exercícios: 2

Exemplo 1

As rimas e aliterações são formas de verbalização que nos ajudam a armazenar e recuperar melhor os nomes. A seguir são apresentados exemplos desses dois recursos que criam fortes estímulos de memória. Numa aliteração, usamos um adjetivo que começa com a mesma letra do primeiro e/ou do último nome da pessoa. Essa técnica é sempre mais útil quando o adjetivo remete a um aspecto marcante das características físicas ou da personalidade.

Nome	Rima	Aliteração
Beatriz	Beatriz Feliz	Beatriz Bela
Tiago	Tiago Mago	Tiago Tímido
Francisca	Francisca Arisca	Francisca Franca
Diana	Diana Bacana	Diana Divina
Fábio	Fábio Sábio	Fábio Falastrão
Lúcia	Lúcia Pelúcia	Lúcia Lúcida

Exercício 1

Para cada um dos primeiros nomes listados a seguir, crie uma rima e/ou uma aliteração com um adjetivo.

Nome	Rima	Aliteração
1. Daniela	______________	______________
2. Mara	______________	______________
3. Marcelo	______________	______________
4. João	______________	______________
5. André	______________	______________
6. Adriana	______________	______________

Exercício 2

Repita o exercício anterior com os nomes de três conhecidos seus. Escolha pessoas a quem você tenha sido apresentado há pouco tempo e de cujos nomes não queira se esquecer. Outra opção é selecionar nomes que de vez em quando lhe fogem à memória.

Nome	Rima	Aliteração
1. __________	______________	______________
	______________	______________
	______________	______________
2. __________	______________	______________
	______________	______________
	______________	______________
3. __________	______________	______________
	______________	______________
	______________	______________

Dia 7: Quem está na equipe?

Habilidade: associação com a primeira letra
Número de exercícios: 3

Quando precisamos nos lembrar de um grupo de nomes, a associação com a primeira letra pode ser um instrumento de memória muito eficaz. Como você aprendeu, as duas formas mais comuns dessas ligações são os acrônimos e os acrósticos. Em cada um dos exercícios a seguir, crie um acrônimo ou acróstico para ajudá-lo a se recordar do grupo de nomes. Fique à vontade para dar uma nova ordem aos nomes e tornar mais fácil a criação dos acrônimos e acrósticos.

Acrônimos
Crie uma nova palavra usando as primeiras letras dos nomes a serem lembrados: Sandra, Arnaldo, Úrsula, Daniel, Evandro = **Saúde**

Acrósticos
Crie uma frase usando palavras com a primeira letra dos nomes a serem lembrados: Leandro, Paulo, Orlando, Carla, Mônica, Aline = **Ligar para o consultório médico amanhã.**

Exemplo

Suponha que você seja o responsável pela nova equipe de vendas numa empresa comercial. Os membros do grupo são: Paulo, Eliana, Gustavo, Antônio, Leonardo, Armando, Denise, Renato, Alberto, Olívia. Embora já saiba de cor todos esses nomes, você fica nervoso quando fala em público. Por isso, decide criar um acrônimo como apoio à sua memória. Usando as primeiras letras de cada nome, forma dois acrônimos = PEGA LADRÃO.

Exercício 1

Você foi nomeado presidente da comissão responsável pela arrecadação de mantimentos para a campanha de caridade da escola dos seus filhos. Os pais que se ofereceram para fazer parte da comissão foram: Artur, Cristina, Álvaro, Miguel, Sílvia, Ivan. Crie um acrônimo ou acróstico para servir como apoio à memória.

____

____

Exercício 2

Você vai participar do treinamento para a maratona da cidade. No grupo de pessoas da sua academia que estão se preparando para o evento deste ano estão: Olga, Rui, Ana, Bernardo, Tomás, Urbano e Sueli. Invente um acrônimo ou acróstico para ajudá-lo a se lembrar desses nomes.

____

____

Exercício 3

Pense num grupo real do qual você faça parte (família, amigos, clubes, organizações, empresa, etc.). Anote os primeiros nomes das pessoas. Faça um acrônimo ou acróstico que o ajude a se recordar deles.

____

____

Coluna de aconselhamento do Dr. Cérebro em Forma

Caro Dr. Cérebro em Forma,

Meus pais e eu temos opiniões diferentes sobre a melhor maneira de se estudar para as provas. Qual destas duas opções nos ajuda a ter resultados mais satisfatórios: dormir à noite antes de um teste importante ou passar a noite em claro estudando?

– Rosa

Cara Rosa,

A melhor forma de estudar é uma escolha individual. Por exemplo, algumas pessoas só conseguem estudar ouvindo um barulho qualquer ao fundo, enquanto outras acham isso impossível, pois impede sua concentração. Quando se trata de dormir ou passar a noite com a cara nos livros antes de uma prova, veja o que os especialistas têm a dizer.

Consulte o travesseiro

Ficar estudando até tarde da noite na véspera de uma prova pode ser contraproducente quando se trata de memória e desempenho. Estudos mostram que uma boa noite de sono é necessária para a consolidação da memória. Essa consolidação é o processo que transforma a experiência ou o treinamento em melhoras no desempenho.

Existem dois tipos básicos de sono: o de ondas lentas (profundo) e o REM (sigla em inglês de *rapid eye movement*, ou "movimento rápido dos olhos"). O sono de ondas lentas, o mais extenso, antecede o REM. Num relatório de pesquisa, o Dr. Steffen Gais, da Alemanha, revela que o sono de ondas lentas é suficiente para viabilizar o aprendizado de tarefas, mas que são necessários os dois tipos de sono para promover o aumento máximo do desempenho. Segundo John Spiro, num artigo que acompanha o trabalho: "Em geral, as pessoas precisam de oito horas de sono por noite (...) Porém, muitos indivíduos saudáveis se privam continuamente da quantidade adequada de sono, o que causa conseqüências, como fadiga, comprometimento da capacidade de tomar decisões e maior risco de sofrer acidentes." Assim, quando alguém lhe diz para "consultar o travesseiro" antes de tomar uma decisão importante ou de fazer uma prova, está lhe dando um bom conselho.

Soluções

Dia 2: Exercício 1. Respostas possíveis para as colunas C e D, respectivamente: 1. (medo onça/alguém com medo de uma onça); 2. (colo alto/bebê tentando subir no colo da mãe sentada no alto); 3. (ouro fino/moeda de ouro fininha); 4. (feliz ciano/mancha azul sorridente); 5. (armando dino/uma criança montando um dinossauro de armar); 6. (costa tina/uma pessoa lavando as costas em uma tina); 7. (saci arara/um saci com uma arara no braço); 8. (lindo albergue/um lindo chalé de uma pousada); 9. (cana vara/uma vara de cana-de-açúcar).

Dia 2: Exercício 2. Respostas possíveis: 1e, 2h, 3a, 4f, 5b, 6c, 7j, 8i, 9d, 10g.

Dia 3: Exercício 1. Respostas possíveis: 1. (Ronaldinho Gaúcho: dentes grandes); 2. (Einstein: cabelo em pé); 3. (José Sarney: farto bigode); 4. (Hugo Chávez: cabeça estreita); 5. (Osama bin Laden: barba comprida); 6. (Julia Roberts: sorriso radiante); 7. (Adolph Hitler: pequeno bigode); 8. (Daniela Cicarelli: boca grande); 9. (Fernando Henrique Cardoso: olhar triste); 10. (Michael Jackson: nariz arrebitado).

Dia 4: Exercício 1. Respostas possíveis para as colunas B e D, respectivamente: 1. (uma árvore/um serrote cortando madeira); 2. (um carneiro/um carneiro ruivo); 3. (saci/um saci albino); 4. (um amontoado de juncos/juncos em uma lagoa azul); 5. (uma pedra preciosa/uma máscara oriental de jade).

Capítulo cinco

Lembrando o quê

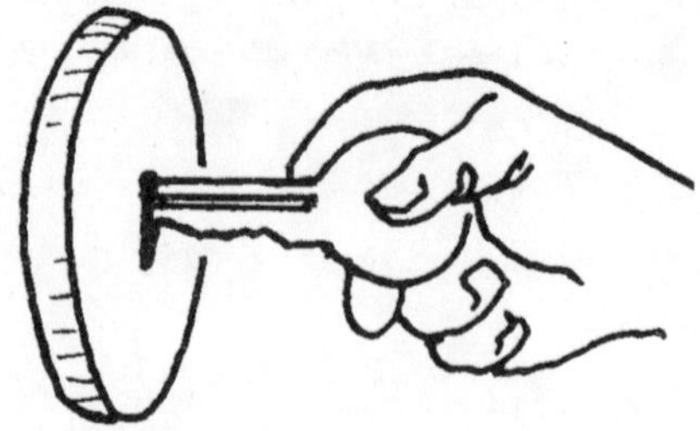

"Não basta planejar as coisas – é preciso fazê-las.
Para que a intenção se torne realidade,
a energia deve ser colocada em ação."
– Pir Viayat Inayat Khan

Transformando intenções em ações

Uma função cerebral básica, que distingue os seres humanos de outros mamíferos, é a capacidade de criar uma intenção e depois agir para concretizá-la. A habilidade mental que nos permite lembrar de fazer alguma coisa no futuro é chamada de *memória prospectiva.* Uma das menos entendidas e mais desafiadoras das funções da memória, ela é um novo e vibrante campo de estudo que atrai a atenção de renomados neuropsicólogos.

No dia-a-dia, as intenções tomam a maior parte das horas que passamos acordados. Quando nos levantamos de manhã, um dos nossos primeiros pensamentos é: "O que tenho que fazer hoje?" Antes de dormirmos: "Fiz tudo o que tinha para fazer hoje?" Escrevemos lembretes de nossas intenções em papeletas adesivas, em agendas e em engenhocas eletrônicas, esperando que esses dispositivos nos ajudem a transformá-las em ações.

Há três fatores que atuam como um desafio ao ato de nos lembrarmos de executar ações futuras. O primeiro deles é o *adiamento:* "Se eu pensar nisso agora, vou me lembrar de fazer isso depois?" O segundo são as *distrações constantes.* Entre o momento presente e o futuro, muitas prioridades e interrupções ocupam nossa atenção. O terceiro é a *falta de dicas para resgatar as lembranças*. Que estímulos de memória podem nos deixar no ponto para agir mais à frente? Até mesmo a mais simples intenção está sujeita a ser vítima desses três desafios. Veja este exemplo: você acorda de manhã e nota na mesinha-de-cabeceira um DVD cujo prazo de devolução já expirou. Cria a intenção de deixá-lo na locadora à tarde, quando for ao supermercado. Durante a manhã, lê o jornal, põe a roupa para lavar, lava a louça que está na pia, dá telefonemas, exercita-se na bicicleta ergométrica, toma banho e seca o cabelo. Depois do almoço, faz a lista de compras e dirige-se ao supermercado. Em casa, guarda os mantimentos e prepara um lanche para as crianças, que logo chegarão da escola. Nessa noite, ao se deitar, você nota que, acumulando poeira sobre a mesinha-de-cabeceira, está o DVD que deveria ter sido devolvido. Isso a surpreende?

Criando dicas de recuperação de memória para ações futuras

Já ouviu falar no professor distraído? Talvez você seja um brilhante físico que sabe de cor centenas de equações, mas isso não é garantia de que vá se lembrar de comprar pão no caminho de casa nem de chegar ao consultório do dentista na hora marcada. Pesquisadores dizem que um ponto-chave para nos lembrarmos das ações que devemos executar no futuro é inserir dicas de recuperação em nossas intenções. Elas podem ser associadas a uma pessoa, a um lugar, a um fato ou a um período de tempo. Por exemplo: você pode formular uma intenção como esta: "Quando eu encontrar o Antônio (pessoa) no trabalho (lugar) na reunião de amanhã (lugar e tempo), vou pedir a ele que me dê o número do telefone do seu cardiologista."

Dicas de memória para lembrar-se do quê

1. Deixe lembretes em lugares visíveis e estranhos para destacar que precisa fazer alguma coisa. Por exemplo, coloque próximo à porta da sua casa um objeto que tem que ser

devolvido ou ajeite as persianas do seu escritório de um modo diferente do que elas costumam ficar.

2. Modifique algo em sua aparência física para assinalar que precisa realizar uma tarefa. Use o relógio no pulso contrário.
3. Cole papeletas adesivas por toda a casa.
4. Organize uma *lista de afazeres* e confira-a de manhã, ao meio-dia e à noite. Mantenha uma cópia no carro.
5. Tente usar dispositivos eletrônicos que tenham recursos de recuperação de memória, como celulares com a função lembrete, agendas de computador e palmtops.
6. Transforme a *lista de afazeres* em imagens ou símbolos que tenham impacto de memória visual.
7. Use os serviços de depósito e pagamento de contas do caixa automático do banco para garantir que os cheques sejam compensados no dia certo e as contas pagas na data do vencimento.
8. Para superar os esquecimentos relacionados às intenções imediatas:

Pare
Concentre-se
Faça já

Qual é o objetivo da ginástica para a memória?

Nada é mais frustrante do que descobrir que algo importante que pretendíamos fazer foi por água abaixo. Esse tipo de erro é a segunda queixa mais comum quando se trata de perda de memória – a primeira é o esquecimento de nomes. O lamento é mais ou menos assim: "Não dá para acreditar que esqueci de..." Quando as ações que desejamos realizar não acontecem porque nos esquecemos de executá-las, isso cria uma tensão desnecessária e um sentimento de incompetência.

Vamos malhar!

Bem-vindo à estação *Lembrando o quê*. Como resultado desse treinamento semanal, seu desempenho na execução das ações que você pretende realizar vai melhorar.

Você aprenderá a criar dicas externas (que poderão ser deixadas no ambiente) e recursos de memória internos para se lembrar do que precisa fazer. Enquanto estiver treinando, continuará a afiar a memória usando as cinco habilidades fundamentais: observação ativa, visualização, verbalização, associação e classificação.

Plano semanal de exercícios

A tabela a seguir apresenta as atividades do programa Cérebro em Forma para a estação *Lembrando o quê*. Cada dia de exercícios é precedido por uma introdução, que relaciona as habilidades a serem usadas e fornece exemplos de aplicação.

Dia	Nome do exercício	Habilidades	Páginas
1	intenções imediatas	verbalização visualização	113-118
2	lembretes de ambiente	observação ativa visualização	118-120
3	Método Loci	associação visualização	120-123
4	categorias significativas	classificação visualização	124-127
5	pares poderosos	associação visualização	128-130
6	narração de histórias	verbalização visualização associação	130-132
7	batata quente	associação	133-134

Dia 1: intenções imediatas

Habilidades: verbalização e visualização
Número de exercícios: 3

A maioria das pessoas sabe o que é uma *lista de afazeres*. Esse tipo de relação contém ações que precisam ser executadas no dia ou na semana. Inclui itens como: dar telefonemas importantes, realizar pequenas atividades e cumprir tarefas ou trabalhos de maior relevância. Mas será que alguém já ouviu falar numa lista de *coisas não feitas?* Veja se os tópicos a seguir lhe parecem familiares.

- Meu bem, você deixou a porta da casa destrancada.
- Querido, você não fechou a portão da garagem e o gato fugiu.
- Ana, você não me garantiu que me enviaria o e-mail com as informações imediatamente?
- Mãe, achei que você tivesse dito que ia me ligar de volta logo.

Essas escorregadelas de memória são exemplos de como é fácil não nos lembrarmos das nossas intenções imediatas. Pretendemos fazer uma coisa em determinado momento, mas, para nosso grande espanto, simplesmente nos esquecemos de agir. Duas diretrizes úteis para superar esse tipo de problema de memória são: *faça já* e *atenha-se a uma coisa de cada vez.* Além disso, as habilidades de verbalização e visualização características da memória ajudam a aumentar o foco da atenção para o momento. Use o recurso da auto-orientação para reforçar sua intenção imediata. Procure falar seu objetivo em voz alta, fazer uma rima com ele ou cantá-lo. Crie uma forte imagem visual que sirva como lembrete para a ação pretendida.

Exemplo 1

Vera muitas vezes se esquece de trancar a porta à chave quando sai de casa. Embora isso não seja uma grande preocupação para ela, esse fato aborrece seu marido. Ela decide usar com freqüência a seguinte rima para reforçar a intenção de trancar a porta:

"Ao sair, preciso trancar a porta.
Quando esqueço, meu marido não gosta."

Exemplo 2

João anda muito estressado no trabalho. Por causa disso, não surpreende que venha tendo lapsos de memória tanto no escritório quanto em casa. Ainda ontem, ele se viu parado no meio da sala do departamento jurídico sem ter a menor lembrança do que fora fazer ali. Na noite anterior, entrou na cozinha com um propósito em mente, mas acabou sendo distraído pelo cachorro, que latia na porta dos fundos. Ele soltou o animal e retornou à cozinha, porém se esqueceu do seu propósito original. Para solucionar esse problema, João está recorrendo à auto-orientação verbal e espera que isso combata o surto de "brancos" que vem enfrentando. Veja alguns exemplos da aplicação desse recurso que ele está usando para ficar concentrado e são.

"Vou à cozinha pegar uma tesoura."
"Vou à sala de correspondência ver se chegou a encomenda enviada pela filial de São Paulo."
"Vou me desconectar da internet para não prender a linha telefônica."
"Vou estacionar perto da papelaria para não me esquecer de comprar os cartuchos da impressora na saída do trabalho."

Exemplo 3

As manhãs na casa da família Alves são marcadas por um verdadeiro caos. Todo mundo se apressa. O Sr. Mauro Alves tenta chegar à rua antes das 7 horas da manhã para não ter que enfrentar o tráfego pesado que se forma logo depois. As crianças devem estar prontas na hora exata para que possam pegar o transporte para a escola. Quando o perdem, atrapalham o horário de todos. Antes de sair para o trabalho, dona Sandra Alves precisa colocar os lanches nas merendeiras dos filhos e levar o cachorro para dar uma voltinha. A única coisa de que ela sempre se esquece é tirar a carne do freezer para que descongele a tempo do jantar. Quando isso ocorre, a família acaba comendo pizza ou sanduíches à noite. Isso a faz se sentir culpada e deixa todos de baixo-astral.

Desesperada, dona Sandra recorre à *visualização* para imprimir na mente a ação de retirar a carne do freezer antes de sair de casa. Primeiro, ela cria uma vívida imagem de uma peça de carne vermelha e sangrenta descongelando. Depois, "cola" mentalmente essa imagem na porta da garagem – vê a carne pendendo da porta num gancho de açougueiro. Para estimular ainda mais a memória, ela procura um objeto que possa funcionar como um lembrete de ambiente. Encontra uma fita vermelha e a enrola em volta da maçaneta da porta. Dona Sandra tem esperança de que o esquecimento de descongelar a carne seja coisa do passado.

Exercício 1

Componha uma rima simples que reforce sua intenção de executar as ações imediatas descritas a seguir. A primeira já foi feita para você. Sua tarefa é preencher a segunda linha de cada rima restante.

Exemplo de rima
Vou até o quarto pegar um agasalho.
Assim não sinto frio no trabalho.

Rima 1
Estou separando o dinheiro da diarista.

____

Rima 2
Estou fechando bem o pote de café.

____

Rima 3
Vou colocar meu anel no aparador da sala.

____

Rima 4
Estou tomando meu remédio.

____

Rima 5
Vou ao lavabo trocar a toalha de mão.

____

Exercício 2

Crie uma vívida imagem mental que reforce a necessidade de executar as ações imediatas descritas a seguir. O primeiro exemplo já foi feito para você.

Ação	**Imagem**
Desligue o botão de gás do fogão.	*Toda vez que você usar o fogão, visualize a cor vermelha. Imagine sua mão numa luva vermelha e brilhante girando o controle do fogão para apagar a chama.*
Feche as janelas antes de sair de casa.	____________________
Desligue o aquecedor após o banho.	____________________

Coloque seu cartão de crédito de volta na carteira após usá-lo.	______________________
Leve o celular quando sair.	______________________
Tranque o cofre do escritório.	______________________

Exercício 3

A partir de agora, você vai aplicar as habilidades de memória a seus afazeres diários. Cumpra os cinco passos a seguir para fazer com que suas intenções imediatas sejam lembradas como parte de seus hábitos cotidianos.

Passo 1: liste as intenções imediatas

Crie uma lista de intenções imediatas que você às vezes se esquece de realizar. Essa relação deve conter tarefas que você tende a "conferir duas vezes", além das que o levam a perguntar: "Já fiz isso?" Veja a seguir uma seleção de exemplos.

Exemplos	**Sua lista**
Desligar o botão de gás do fogão.	______________________
Tirar o ferro da tomada.	______________________
Trancar a porta à chave.	______________________
Deixar água para o cachorro/gato.	______________________
Tomar vitaminas e remédios.	______________________
Colocar os óculos no estojo.	______________________
Guardar o controle remoto.	______________________
Recolocar o telefone sem fio na base.	______________________
Guardar o cartão de crédito na carteira.	______________________

Passo 2: use a auto-orientação verbal

Ao realizar os afazeres de um dia normal, use a *auto-orientação verbal* para cada item da lista. Diga em voz alta o que está fazendo enquanto executa a ação. Por exemplo: "Estou guardando o cartão de crédito na carteira." Fazer afirmações em voz alta é uma excelente maneira de intensificar a concentração e combater a distração. Caso se sinta constrangido em falar alto, descreva a ação mentalmente. Não tente decorar a lista nem levá-la com você. No fim do dia, marque todos os tópicos em que obteve êxito com a aplicação da auto-orientação verbal. Destaque com um asterisco aqueles que não tenha necessitado olhar duas vezes graças à utilização desse recurso.

Passo 3: use a visualização

Amanhã acrescente a *visualização* à auto-orientação verbal: veja-se executando a ação. Imagine a mente como uma câmera. Tire uma foto em cores da realização da tarefa na hora. Por exemplo, veja sua mão colocando o recibo do pagamento do dentista no terceiro compartimento da carteira. No fim do dia, marque todos os tópicos em que obteve êxito com a aplicação da visualização e da auto-orientação verbal. Destaque com um asterisco aqueles que não tenha necessitado olhar duas vezes graças à utilização desse recurso.

Passo 4: repita o processo

Repita os *passos* de *1* a *3* durante uma semana. No fim desse período, pergunte-se: "Isso está me ajudando?" Se a resposta for *sim*, incorpore a visualização e a auto-orientação verbal aos seus hábitos diários.

Dia 2: lembretes de ambiente

Habilidades: observação ativa e visualização

Número de exercícios: 2

Lembrar-se de executar ações no futuro requer estímulos, que podem ser dicas de memória internas, ajudas de memória externas (como listas de afazeres ou agendas eletrônicas) e lembretes de ambiente. Estes últimos são objetos, eventos, pessoas e lugares – quando os vemos, nos lembramos de fazer algo. Por exemplo, o café da manhã é o evento que o faz se lembrar de tomar suas vitaminas. Para criar um poderoso recurso desse tipo, primeiro é preciso escolhê-lo. Opte por objetos, eventos, pessoas e lugares que atraiam a atenção. Depois torne o elemento selecionado ainda mais marcante aplicando a habilidade de visualização. Use imagens fortes, reais e imaginárias, para tornar esses lembretes mais fáceis de memorizar.

Exemplo 1

Adriana quer se lembrar de pegar o número do telefone do personal trainer do seu amigo Roberto. Ela e Roberto irão se encontrar numa festa de aniversário no sábado. Os lembretes de ambiente que Adriana escolheu são Roberto (pessoa), lugar (festa) e data (sábado). Ela os torna mais fáceis de memorizar visualizando Roberto vestido com roupa de ginástica e se exercitando.

Exemplo 2

Patrícia precisa parar na padaria para comprar leite. A padaria fica na Rua do Farol, por onde ela passa todos os dias a caminho do trabalho. Assim, decide usá-la como um lembrete de ambiente. Patrícia visualiza a imagem de um farol piscando nas cores branca e vermelha no alto da placa da rua. Na mente, associa a cor vermelha a *pare* e a cor branca, ao *leite*.

Exemplo 3

Catarina mantém suas vitaminas e seus remédios na mesa da cozinha para se lembrar de tomá-los diariamente. Embora funcione como um lembrete de ambiente, isso dá impressão de bagunça, deixando Catarina constrangida na presença de visitas. Ela sabe que precisa de um lembrete, mas quer encontrar algo menos aparente. Assim, guarda as vitaminas e os remédios no armário que fica sobre a pia. Compra um móbile de vidro transparente que reflete a luz do sol e o prende à porta do armário bem na direção da janela. Agora, toda vez que ela vai até a pia, o que ocorre várias vezes por dia, vê o móbile cintilando e associa na mente o reflexo do sol à boa saúde que desfrutará quando tomar as pílulas.

Exercício 1

Veja a seguir alguns itens rotineiros que constam das listas de afazeres de muitas pessoas. Para cada uma dessas tarefas, crie um lembrete relacionado ao ambiente que o faça agir. Seja criativo! Quanto mais incomum e amalucado for o lembrete, mais provável será que chame sua atenção.

Afazeres	Lembretes de ambiente
Devolver DVDs à locadora	Coloque o cartão da locadora encostado no vidro do carro.
Comprar carne para o jantar	______________________
Trocar um presente	______________________
Calibrar os pneus do carro	______________________
Marcar consulta com o dentista	______________________
Apanhar uma nova receita médica	______________________
Pagar a conta de luz	______________________
Apanhar roupas na lavanderia	______________________

Exercício 2

Crie um quadro vivo de memória em casa ou no escritório. Ele pode ser feito no material de sua preferência: cortiça, cartolina, metal, etc. Pendure-o num lugar por onde você passa várias vezes por dia, como cozinha, corredor, área ou varanda. Compre ou confeccione símbolos que representem tarefas ou atividades corriqueiras. Prenda no quadro os símbolos dos afazeres do dia. Quando já tiver realizado todos eles, retire os símbolos. Interagir fisicamente com o quadro de memória num esquema diário é um modo divertido e seguro de evitar que as coisas escapem pelas frestas. Organize uma competição com membros da sua família ou da sua equipe de trabalho para ver quem apresenta o quadro de memória mais criativo.

Dia 3: Método Loci

Habilidades: associação e visualização
Número de exercícios: 2

A memória *interna* equivalente ao lembrete de ambiente é o Método Loci. Trata-se da mais antiga estratégia mnemônica conhecida, usada pelos gregos por volta de 500 a.C. Segundo Cícero, essa técnica foi desenvolvida pelo poeta Simônides de Ceos após um trágico acontecimento. Ele estava falando durante um banquete quando o prédio em que se encontrava desabou. Único sobrevivente, o poeta conseguiu se lembrar dos nomes dos mortos visualizando onde eles estavam sentados à mesa. Ao conseguir resgatar a memória da sua *localização*, foi capaz de se recordar dos seus nomes. Assim, concluiu que associar algo a ser lembrado a um local específico melhorava a memória.

O método continua muito popular entre especialistas em memória. Agora você saberá como ele funciona. Escolha uma estrutura arquitetônica. Pode ser sua casa ou um aposento dela. Depois percorra esse espaço mentalmente numa ordem lógica. Comece pela porta da frente, passe mentalmente para a sala de jantar, a cozinha, a sala de estar e os quartos. Coloque cada objeto a ser lembrado num aposento diferente ou em locais específicos do cômodo escolhido. Crie imagens vívidas e incomuns que associem cada elemento a ser lembrado à sua localização específica na residência ou no aposento. Quando quiser se recordar deles, refaça mentalmente o caminho e resgate as imagens que associou a cada ponto. Se preferir, use partes do corpo (cabeça, braço, perna, etc.) em vez de áreas da casa. Produza imagens fortes e até amalucadas dos tópicos a serem memorizados e vincule-os a regiões do corpo.

Exemplo 1

Roberto fez uma lista dos quatro produtos que irá comprar no supermercado: ovos, tomate, folhas verdes e frango. Primeiro, ele escolhe o lugar, que será a sala de estar. Depois seleciona quatro objetos nesse ambiente – um para cada item da relação. Veja abaixo o Sistema Loci criado por ele. Quando chegar ao supermercado, Roberto passará mentalmente diante de cada objeto na sala e se lembrará da imagem que vinculou a eles. Como ainda está aprendendo a aplicar o Método Loci, ele leva a lista de mantimentos por precaução.

Item	**Objeto**	**Imagem**
Ovos	Mesinha de centro	Imagine ovos multicoloridos expostos na mesa como miniesculturas. Cada um deles tem um suporte individual dourado com o nome do artista gravado.
Tomates	Lustre	Imagine o lustre como um grande tomateiro cheio de frutos vermelhos.
Folhas verdes	Tapete	Imagine um jardineiro passando um ancinho sobre seu tapete. Ele escava fileiras para plantar as folhas.
Frango	Sofá	Imagine uma galinha amarela bicando seu sofá e o deixando cheio de furinhos.

Exemplo 2

Eliana, que tem pavor de falar em público, vem freqüentando aulas de oratória promovidas pela empresa em que trabalha. Na próxima semana, terá que fazer um discurso de cinco minutos sobre aspectos da sua criação e formação, sem recorrer a anotações. Ela planeja aplicar o Método Loci para ter certeza de que se lembrará de todos os pontos-chave da sua apresentação. Assim, decide associá-los a partes específicas do corpo. Eliana faz isso usando imagens marcantes e até incomuns. Veja o esquema do seu discurso Loci.

Ponto-chave	**Parte do corpo**	**Imagem**
Cresceu em Cuiabá.	cabeça	A letra C pendurada no seu pescoço.
Viveu numa fazenda de gado.	boca	O gosto do leite fresco que tomava todas as manhãs.
Teve dois irmãos mais novos.	braços	Os irmãos – cada um deles em um de seus braços.
Foi alfabetizada em casa.	mãos	Sua mão segurando o lápis.
Ganhou a competição de salto em distância no colégio.	pés	A corrida e o salto vencedor.

Enquanto treina o discurso, Eliana vai passando mentalmente de uma parte do corpo para a seguinte numa ordem lógica, começando com a cabeça e terminando com os pés. Durante a apresentação, aplica o mesmo método.

Exercício 1

Escolha uma loja em que você deverá comprar itens importantes esta semana. Escolha uma da qual seja um cliente regular. Elabore uma lista com cinco produtos-chave. Antes de sair, reveja a relação e crie sua "casa de memória" para ajudá-lo a se lembrar dos artigos. Guarde a lista no porta-luvas do carro ou no bolso. Quando estiver na loja, use a "casa de memória" como apoio. Procure terminar as compras sem recorrer à lista. Caso se esqueça de um produto, é porque a imagem que criou dele não foi marcante o suficiente. Utilize o esquema apresentado a seguir para construir sua "casa de memória". Embora esse talvez não seja um método que você optaria por usar com freqüência, é um excelente exercício de agilidade mental e de memória para ser feito pelo menos uma vez.

Item	**Aposento**	**Objeto**	**Imagem**
Banana	*Escritório*	*Impressora*	*Imagine cascas de banana passando pela impressora em vez de folhas de papel.*
1. ______	______	______	______
2. ______	______	______	______
3. ______	______	______	______
4. ______	______	______	______
5. ______	______	______	______

Exercício 2

Identifique uma situação real, pessoal ou profissional, em que você deverá transmitir oralmente informações importantes. Pode ser por telefone ou pessoalmente. Elas serão dirigidas a uma ou mais pessoas. Por exemplo: está se aproximando a data da consulta com o clínico geral e você quer se lembrar de falar com ele sobre três ou quatro pontos-chave relativos à sua saúde. Use o Método Loci associando cada uma dessas questões a uma parte do corpo. Antes da consulta, ensaie a aplicação dessa técnica. Depois, veja se consegue chegar ao fim da conversa com o médico sem recorrer às anotações.

Ponto-chave	**Parte do corpo**	**Imagem**
______	______	______
______	______	______
______	______	______
______	______	______
______	______	______
______	______	______
______	______	______
______	______	______
______	______	______

Dia 4: categorias significativas

Habilidades: classificação e visualização
Número de exercícios: 2

Há muitos casos em que uma das nossas incumbências futuras significa guardar uma breve lista de itens na memória para que sejamos capazes de realizar determinada tarefa. Em geral, nos limitamos a anotar esses tópicos num pedaço de papel. Outro método é começarmos a exercitar mais o cérebro tentando memorizar pequenas relações. Claro, talvez você queira continuar mantendo um registro escrito de reserva. Em todo caso, a *visualização* e a *classificação* são duas habilidades mentais que facilitam a fixação dessas listas. Divida os itens em três ou quatro categorias significativas. Dê a cada uma delas um título pitoresco. Crie uma imagem forte e/ou incomum para acompanhar os títulos e torná-los mais fáceis de memorizar.

Exemplo 1

Anita precisa comprar uma série de produtos no supermercado para um jantar que está organizando. Primeiro, ela elabora a lista de ingredientes, que inclui: *macarrão, queijo parmesão, molho de tomate, tabasco, azeite de oliva, vinagre balsâmico, tempero para salada, orégano, manjericão, sal, pimenta, salsicha e carne de hambúrguer.* Em seguida, divide essa relação em categorias e dá a cada uma delas um título pitoresco. A seqüência das categorias obedece à localização das mercadorias nas seções do supermercado. Por fim, Anita cria uma imagem incomum para acompanhar cada título. Isso a ajuda a memorizá-los. Guarda os títulos e as imagens na mente e recorre a esses elementos no supermercado para se lembrar de quais seções precisa percorrer. Quando ela se vê nos corredores certos, os títulos servem como estímulos de memória para os ingredientes que precisa adquirir.

Parte	Título	Imagem
Massa	Pequena Itália	A Torre de Pizza tombando no corredor do supermercado.
Queijo parmesão		
Molho de tomate		

Parte	Título	Imagem
Tabasco	Uniforme ousado	Atendente do caixa usando um uniforme muito curto.
Azeite de oliva Vinagre balsâmico Tempero para salada		
Orégano	Paixão ardente	Homem ou mulher muito atraente empurrando um carrinho de compras.
Manjericão Sal Pimenta		
Salsicha Carne de hambúrguer	Boi	Um boi dançando na seção de frios.

Exemplo 2

Júlia é dona de uma bem-sucedida academia de dança para crianças. Todo início de ano, ela precisa se organizar para executar uma série de tarefas. Como ajuda para se manter concentrada e evitar que se sinta sobrecarregada, Júlia divide as atividades em pequenos afazeres e dá um título a cada um deles.

Marketing

Criar e enviar por e-mail e correio os folhetos com a programação do segundo trimestre.
Publicar anúncios em jornais locais.
Atualizar o site da academia na Web.

Programação

Agendar as apresentações dos alunos para o segundo trimestre.
Marcar turnês de eventos de dança para o segundo trimestre.
Organizar a participação de professores convidados para o segundo trimestre.

Atividades internas

Criar uma nova coreografia.
Estabelecer a programação do segundo semestre.

Exercício 1

Alexandre e sua mulher se aposentaram recentemente e vão passar o próximo verão na Bahia. Fizeram uma lista das coisas que precisavam providenciar antes de fechar seu apartamento em Porto Alegre por três meses. Ajude-os a organizar e reforçar a memória classificando os itens da lista a seguir em três ou quatro grupos e dando títulos a cada um deles.

Tarefas	**Categorias e títulos**
Deixar as plantas com o vizinho. Dar uma cópia da chave ao síndico para o caso de uma emergência. Esvaziar a geladeira para que perecíveis não se estraguem. Desligar aparelhos elétricos da tomada.	
Avisar o porteiro para encaminhar toda a correspondência para o vizinho. Suspender a entrega do jornal. Enviar o carro para uma revisão geral antes da viagem. Comprar o mapa rodoviário. Fazer reservas em hotéis ao longo do percurso.	
Certificar-se de que o sistema de alarme do apartamento está funcionando. Verificar o estado das trancas das portas e janelas. Colocar as jóias e os documentos importantes no cofre do banco.	

Exercício 2

Rodada 1

Pediram a você que cuidasse da logística do próximo seminário anual de vendas. Veja a seguir a lista das tarefas que terá que executar. Observe-a durante três minutos, depois cubra os itens e anote todos aqueles de que conseguir se lembrar.

Organizar a relação de participantes ____________________
Enviar cartas de boas-vindas ____________________

Reservar quartos de hotel para os participantes	____________
Encadernar o material do seminário	____________
Revisar os textos do seminário	____________
Reservar a sala de conferência	____________
Reservar o equipamento audiovisual	____________
Preparar a sala de conferência	____________
Contratar serviço de bufê para as refeições diárias	____________
Providenciar crachás para os visitantes	____________
Confirmar presença dos participantes por e-mail	____________

Rodada 2

Observe por 30 segundos a lista de tópicos de cada quadrado à esquerda. Cubra-a em seguida. Nos boxes à direita, anote os três títulos. Depois, preencha as linhas com o maior número de itens relativos a cada título de que conseguir se lembrar.

Materiais do seminário	**Título:** ____________
Revisar o material do seminário. Encadernar o material do seminário. Remeter pelo correio aos participantes o trabalho prévio do seminário. Criar relação de participantes do seminário.	____________ ____________ ____________ ____________ ____________

Preparativos para os participantes	**Título:** ____________
Confirmar presenças por e-mail. Reservar quartos de hotel para os participantes. Providenciar crachás para os visitantes. Enviar cartas de boas-vindas.	____________ ____________ ____________ ____________ ____________

Sala de conferência	**Título:** ____________
Reservar a sala de conferência. Reservar o equipamento audiovisual. Colocar materiais e suportes com o nome dos participantes sobre as mesas. Contratar o serviço de bufê para as refeições diárias.	____________ ____________ ____________ ____________ ____________ ____________

Nota: De quantos títulos você se lembrou? De quantos itens a mais você se recordou na *rodada* 2?

Dia 5: pares poderosos

Habilidades: associação e visualização
Número de exercícios: 3

Um modo de nos lembrarmos de todos os tópicos da *lista de afazeres* é uni-los por meio de imagens visuais:

1. Forme uma imagem visual para cada item da relação.
2. Associe a imagem do primeiro item à do segundo.
3. Vincule a imagem do segundo item à do terceiro.
4. Continue até unir visualmente todas as imagens da lista em pares.

Exemplo 1

Bernardo, que tem muita facilidade para assimilar informações visualmente, precisa escolher vários itens numa loja de material de construção e produtos elétricos. Ele visualiza cada um dos tópicos da lista. Depois, forma pares com eles e os associa por meio de imagens coloridas, que levam ao artigo seguinte na relação. Bernardo segue para a loja repassando as vívidas imagens na mente. Os itens são: *terra, sementes, velas, ventilador, uma extensão.* A seguir, as imagens ligadas.

Terra, para plantar as *sementes*,
que brotam como *velas* coloridas acesas;
um *ventilador* para apagar as velas *e*
uma extensão para ligá-lo à tomada.

Exemplo 2

Um meio de encurtar uma longa lista de itens é uni-los em pares por associação visual. Assim, é possível transformar uma relação de 10 artigos numa lista de cinco pares. A chave é usar imagens visuais fortes, incomuns e até amalucadas para estabelecer esses vínculos. Quanto mais simples forem as associações, mais fácil será memorizá-las. Veja um exemplo de como essa técnica funciona.

Lista de dois itens	**Lista de um item**
Depositar um cheque Comprar um presente para a casa nova de Ana	Dar o *cheque* à Ana como um *presente para a casa* dela.
Comprar fita adesiva na papelaria Deixar sapatos no sapateiro	O sapateiro usa a fita adesiva para remendar os *sapatos*.

Exercício 1

Sua filha vai se casar em junho. Juntas, vocês planejam uma grande e tradicional festa de casamento. Veja a seguir uma relação com algumas das principais providências a tomar antes do grande dia. Associe os oito itens da lista por meio de imagens consecutivas para que cada uma delas sirva de lembrete para o tópico seguinte.

Lista de afazeres	**Imagem**
Contratar um músico para tocar na igreja	O *músico* dançando pelo *salão da recepção*.
Reservar o salão da recepção	O *salão da recepção* sendo montado pelo *serviço de bufê*.
Contratar o serviço de bufê	______________________
Contratar o serviço de floricultura	______________________
Preparar os convites do casamento	______________________
Encomendar o bolo	______________________
Comprar o vestido de noiva	______________________
Contratar um cinegrafista	______________________
Marcar os lugares às mesas	______________________
Escolher as damas de honra	______________________

Exercício 2

Veja a seguir uma lista de oito tópicos aleatórios. Reduza-a a quatro pares de itens associados visualmente. Torne esses pares fáceis de memorizar usando o humor e o exagero. O primeiro deles já foi feito para você.

Item	**Imagem**
Banana *Palhaço*	*1. O palhaço finge que está fumando a banana.*
Meio-fio Carro	2. ______________________ ______________________
Feira Gato	3. ______________________ ______________________
Chapéu Criminoso	4. ______________________ ______________________

Exercício 3

Faça uma lista das tarefas diárias que precisam ser realizadas. Depois, veja se consegue encurtá-la e torná-la mais fácil de memorizar criando pares visuais dinâmicos.

Tarefa	**Imagem**
______________________	______________________
______________________	______________________
______________________	______________________
______________________	______________________
______________________	______________________

Dia 6: narração de histórias

Habilidades: verbalização, visualização e associação

Número de exercícios: 1

Contar histórias é uma tradição que faz parte da cultura humana desde o início da civilização. Os arqueólogos continuam a encontrar desenhos e símbolos de narrativas nas paredes de antigas cavernas em todo o mundo. As passagens do Velho Testamento remontam a cerca de 1400 a.C. Nos poemas épicos *A ilíada* e *A odisséia*, de 800-600 a.C., Homero cita bardos, ou menestréis, que vagavam pelo interior cantando contos que relatavam a história da mitologia e do povo grego. Na narração de histórias da "memória", vinculamos tópicos não relacionados. As habilidades envolvidas na criação de um "conto de memória" são *visualização, associação* e *verbalização*. Visualize os dados a serem lembrados e associe-os a uma imagem marcante. Depois, use-os para elaborar uma trama simples e pitoresca.

Exemplo 1

Você acorda no meio da noite lembrando-se de que prometeu levar objetos cênicos para o ensaio geral da peça na noite seguinte. Em vez de sair da cama, recorre ao método de narrar um conto. Os itens que ficou de providenciar são: velas, uma cesta de flores, uma vassoura e um regador. Para reforçar esses tópicos na memória, você inventa a seguinte história. Visualiza o desajeitado ator principal derrubando as *velas*, que ateiam fogo à *cesta de flores*. O diretor tenta apagar o fogo dando-lhe vassouradas, mas a *vassoura* também pega fogo. A atriz principal salva o dia despejando a água do *regador* nas chamas.

Exemplo 2

Luís é pedreiro. A caminho do seu primeiro dia de trabalho numa grande construção, precisa se lembrar de levar a escada e as luvas e de pegar café e biscoitos para a equipe. Ele forma uma pitoresca imagem com esses itens e os usa para criar uma história bem simples. Os membros da equipe colocam a *escada* até à altura do telhado de uma loja de *biscoitos*. Ali, apreciam a vista e fazem a pausa matinal para o *café*. Como o *café* está quente, usam *luvas* para não queimar as mãos.

Exercício 1

Você está planejando a festa de 50 anos de seu marido e quer ter à mão os artigos relacionados na lista a seguir. Crie uma história imaginativa que envolva todos eles. Sinta-se à vontade para fazer objetos inanimados ganharem vida.

Itens

Bolas de gás azuis e douradas

Um cartaz com a mensagem "Dobrando o Cabo da Boa Esperança"

Fotos do seu marido quando bebê
Fitas decorativas
Vasos de flores

Imaginando como começar? Veja um início:
O aniversariante caminha surpreso olhando para as bolas de gás azuis e douradas no alto da salão quando tropeça num vaso de flores...

Seu conto de aniversário

Enquanto você está dirigindo do trabalho para casa, recebe um telefonema do seu marido. Ele pergunta se você pode comprar os seguintes itens no caminho: duas *pilhas*, um *fio de extensão*, uma *moldura* e *pregos*. Ao volante, você cria uma divertida e fantasiosa história, ligando os tópicos. Escreva-a no espaço a seguir.

Sua história

Dia 7: batata quente

Habilidade: associação
Número de exercícios: 2

Às vezes lançam uma "batata quente" para nossa memória. Uma lista de artigos dos quais deveremos nos lembrar e que nos é jogada rapidamente quando estamos apressados ou às voltas com múltiplas tarefas. Uma habilidade simples para lidar com essas urgências é a *associação com a primeira letra*. Use as primeiras letras dos itens a serem lembrados para criar ou inventar uma palavra (*acrônimo*) ou frase (*acróstico*) de fácil memorização.

Exemplo 1

Sua mãe liga para seu celular quando você está numa reunião no trabalho. Ela diz que não está se sentindo bem e lhe pede que compre *sopa*, *sal*, *pão* e um *termômetro* no caminho de volta para casa. Você faz uma rápida anotação mental da primeira letra dos itens que sua mãe quer... *SSPT*. Enquanto seu supervisor termina a apresentação, você transforma mentalmente essas letras num acróstico: *Sem Saúde Piora Tudo*. E a usará como lembrete no fim do dia para não se esquecer de levar os produtos solicitados.

Exemplo 2

Duas horas depois, sua mãe liga de novo. Sente-se pior e quer acrescentar alguns artigos à lista. Gostaria também que você comprasse *colírio*, *aspirina*, *pastilhas* e *álcool*. Agora, você usará a associação com a primeira letra para formar o acrônimo *CAPA*. Assim, dispondo do acróstico (*Sem Saúde Piora Tudo*) e do acrônimo (*CAPA*), se lembrará do que precisa levar para ela.

Exercício I

Veja a seguir uma série de "batatas quentes" lançadas em direção à sua memória. Leia cada um dos pedidos e veja com que rapidez consegue transformá-los num acrônimo ou num acróstico.

Pedidos "batata quente"

1. Você está num intervalo da partida de tênis quando sua mulher liga e lhe pede que leve acetona, sabonete e gaze.

2. Você está no carro quando seu filho telefona com um pedido urgente. Ele precisa que você compre papel-cartão, lápis e uma tesoura para fazer um trabalho da escola que deverá ser entregue na manhã seguinte.

3. Seu gerente liga do aeroporto e lhe pede que cancele a reunião que marcou para a tarde com os vice-presidentes dos departamentos de vendas, engenharia e marketing.

Exercício 2

Invente uma lista de três a seis tarefas de prioridade máxima que você precisa realizar nesta semana. Use a associação com a primeira letra para transformar a relação num acrônimo ou acróstico.

Lista **Acrônimo/acróstico**

Coluna de aconselhamento do Dr. Cérebro em Forma

Caro Dr. Cérebro em Forma,

Conheço muitas pessoas que ingerem regularmente extrato de *Ginkgo biloba* para prevenir a deterioração da memória. Tenho dúvidas quanto à ação de alguns suplementos fitoterápicos. O que as pesquisas revelam sobre essa planta?

– Henrique

Caro Henrique,

A *Ginkgo biloba* é uma árvore que tem uma longa e interessante história de aplicações médicas. Veja a seguir o que dizem os fatos até o momento.

A *Ginkgo biloba* e a memória

A *Ginkgo biloba* é uma das mais antigas espécies de árvores. A partir de suas folhas é feito o extrato usado na confecção de suplementos fitoterápicos. Há muito tempo, os chineses acreditam que essa planta retarda o processo de envelhecimento e contribui para a longevidade. Tradicionalmente, tem sido usada para fortalecer a memória e tratar problemas circulatórios. É um dos remédios vegetais mais estudados hoje em dia. Na Europa, está entre os fitoterápicos mais populares e mais vendidos – na França e na Alemanha, onde só pode ser comprado com receita médica, figura entre os cinco mais prescritos.

Nos últimos anos, muitos artigos sobre a eficácia do extrato de *Ginkgo biloba* têm sido publicados no *Journal of the American Medical Association*. Como acontece em relação a diversos fitoterápicos, as pesquisas são às vezes contraditórias e não conclusivas. Mas o extrato de *Ginkgo biloba* possui de fato potentes atributos que parecem promover a saúde do cérebro. Um artigo veiculado no site de medicina da Universidade de Maryland afirma que ele pode ser especificamente eficaz no tratamento de pacientes com demência relacionada à idade, decorrente da redução do fluxo sangüíneo para o cérebro. Estudos de laboratório mostraram que esse fitoterápico melhora o fluxo sangüíneo, dilatando os vasos e reduzindo a viscosidade do sangue. Além disso, contém, aparentemente, marcantes propriedades antioxidantes, eficazes na eliminação de radicais livres, elementos que alteram e danificam as células cerebrais. O texto cita um estudo clínico em que pacientes com mal de Alzheimer que vinham tomando extrato de *Ginkgo biloba* apresentaram melhora na execução de tarefas que envolvem a memória (como se lembrar de nomes de parentes e de atividades diárias), no comportamento social e no sentimento de depressão. Embora os adultos saudáveis que participaram das pesquisas clínicas tenham apresentado ganhos de memória, a natureza desses resultados pareceu de curta duração. É possível que, no caso deles, o extrato de *Ginkgo biloba* – por sua capacidade de melhorar a circulação sangüínea e combater radicais livres – seja mais eficaz em retardar o envelhecimento cerebral do que em promover um estímulo significativo da memória.[1]

Capítulo seis

Lembrando quanto

"Nem tudo o que pode ser contado conta, mas nem tudo o que conta pode ser contado."
– Albert Einstein

Os números fazem o mundo girar

Não há como escapar. Os números são uma exigência da vida moderna. Se você não acredita nisso, pense em todos os casos em que você é solicitado a usar números em sua vida cotidiana. Tente obter serviços básicos ou realizar uma simples transação sem fornecer informação numérica. Se você não tem um ou mais dos seguintes números de identificação, é improvável que consiga ir muito longe:

- número do telefone de casa
- número do celular
- número do CEP
- número do cartão de crédito
- número da conta bancária
- número da placa do carro
- número do CPF
- número da carteira de identidade
- número da carteira de motorista
- número do PIS ou PASEP

Não é difícil antever uma época em que tudo de que precisaremos para realizar serviços básicos será um número de identificação pessoal e uma tomada de computador. Por exemplo, pense nas atuais filas nos balcões dos supermercados: em vez do funcionário da caixa, um computador digitaliza o código de barras e o preço através de um aparelho de leitura óptica das mercadorias. O total da compra aparece numa tela. Pressionamos *sim* para aprovar o total, inserimos o cartão de crédito e, em seguida, a transação é finalizada. Falta apenas o robô para ensacar as compras e nos desejar um ótimo dia.

Lembrando números

Como organizamos, arquivamos e resgatamos da memória todos os números importantes da nossa vida? Talvez no futuro só tenhamos que colocar o polegar num escâner, que ativará a busca dos nossos números de identificação e escolherá o que for adequado para cada transação específica.

Trabalhar com números é um tipo específico de atividade cerebral. Se não usarmos essa função, a capacidade que temos de nos lembrar de números e de trabalhar com eles se tornará cada vez menos confiável e ágil. Certa vez, perguntei a um grupo de idosos se eles queriam que eu lhes mostrasse como fazer o balanço das contas dos cheques pelo computador usando o banco on-line. Eles responderam educadamente: "Não, obrigado." Quando indaguei por que não, fiquei surpreso com a resposta de muitos deles. O que os preocupava não era aprender a nova tecnologia, e sim perder a agilidade mental com os números. Para aquelas pessoas, calcular mentalmente o saldo das contas no talão de cheques era a única atividade baseada em números que realizavam sempre.

Dicas de memória para lembrar-se de números

1. Divida números grandes em partes menores, mais fáceis de lidar.
2. Substitua números abstratos por imagens concretas.
3. Junte as imagens num quadro ou numa história simples.

4. Procure por padrões comuns ou associações entre os números.
5. Participe de jogos que envolvam a atividade de lembrar números.
6. Faça experiências freqüentes com seu código de associação de números preferido em situações cotidianas.
7. Use recursos externos de memória e a tecnologia para ajudá-lo a organizar, armazenar e acessar números importantes.
8. Aprenda códigos da vida real (sinais de trânsito, Braille, Morse, códigos numéricos dos gregos antigos, etc.).
9. Escolha um código que lhe interesse e tente aprendê-lo.
10. Assista a filmes e leia livros que envolvam a quebra de códigos.

Qual é o objetivo da ginástica para a memória?

Somente quem trabalha com números no dia-a-dia tem facilidade para memorizá-los, porque eles são intangíveis, difíceis de visualizar e não apresentam nenhum sentido em si mesmos. Assim, se quisermos aumentar nossa energia mental para nos recordarmos dos números, precisaremos descobrir uma forma de dar-lhes um sentido concreto. Um método popular para nos lembrarmos deles envolve o uso de códigos que os transformam em associações significativas. Esses códigos podem ser visuais, verbais ou matemáticos.

Há diversas aplicações para os códigos. Como exemplos dos que estão em uso atualmente temos o código Morse, o Braille e o ASCII, por meio do qual os computadores representam números, letras, pontuação e outros caracteres. Algumas tradições religiosas, como a cabala, acreditam que Deus usou códigos para ocultar importantes mensagens na Bíblia e em outros textos. O Departamento de Defesa dos Estados Unidos está sempre à procura de indivíduos capazes de decodificar mensagens de terroristas. Se você gostou do livro *O Código Da Vinci*, vai apreciar os exercícios com os códigos numéricos neste capítulo.

Vamos malhar!

Bem-vindo à estação *Lembrando quanto*. Realizando este exercício semanal, você se tornará mais apto a se lembrar dos números importantes em sua vida. E usará habilidades especiais da memória para que o ato de se lembrar dos números seja uma atividade simples e divertida.

Plano semanal de exercícios

A tabela a seguir apresenta as atividades do programa Cérebro em Forma para a estação *Lembrando quanto*. Cada dia de exercícios é precedido por uma introdução, que relaciona as habilidades a serem usadas e fornece exemplos de aplicação.

Dia	Nome do exercício	Habilidades	Páginas
1	associação livre	associação	140-143
2	associação fixa	associação	143-145
3	imagine isso	visualização associação	146-149
4	veja padrões	visualização	149-151
5	ritmo & rima	verbalização visualização associação	151-153
6	sopa de letrinhas	verbalização associação	153-157
7	miscelânea	múltiplas	157-159

Dia 1: associação livre

Habilidade: associação

Número de exercícios: 3

Alguns números possuem um significado específico para nós, de acordo com nossa biografia e história cultural. Por exemplo, a maioria das pessoas se lembra com facilidade de números associados ao dia, mês e ano do seu nascimento, assim como daqueles ligados a importantes fatos históricos ou sociais. Portanto, para se recordar mais prontamente de um número, faz sentido que você o vincule àqueles que seu cérebro já considera expressivos.

Exemplo 1

Para entrar na marina onde seu barco está ancorado, Sônia precisa digitar um código numérico. O código é mudado todo ano por motivos de segurança. O código numérico deste ano é 8038. Sônia começa dividindo o número em duas partes – 80 e 38 – e depois tenta estabelecer associações. A primeira delas é fácil. Seu avô está na faixa dos 80 anos e foi ele quem lhe ensinou a velejar. Para a segunda associação, ela usou um pouco de imaginação. O número 38 é o tamanho do manequim que gostaria de vestir.

Exemplo 2

Carlos baseia a senha do seu cartão do banco no aniversário do seu cão. O animal nasceu na véspera do Ano-Novo, em 2001. Ele usa essa data conhecida como a senha de seis dígitos: 31-12-01. Um número fácil de lembrar.

Exemplo 3

Luísa é entusiasta de História e muitas vezes usa associações nessa área para ajudá-la a se lembrar de números de telefone importantes. Por exemplo, o do seu médico é 2239-1900. Para fixá-lo na memória, ela o desmembra e depois associa as partes a datas históricas.

Número	Associação histórica
22	Data do Descobrimento do Brasil
39	Ano em que teve início a Segunda Guerra Mundial
1900	Século em que ocorreu a Segunda Guerra Mundial

Exercício 1

Dê uma olhada nos números aleatórios listados a seguir. Sua tarefa é estabelecer o maior número possível de associações com fatos conhecidos. No primeiro exemplo, o número foi desmembrado e suas partes vinculadas a tópicos significativos.

Número	Parte	Associação livre
0074755890	*007*	*Número do agente secreto James Bond.*
	74	*O primeiro filho nasceu em 1974.*
	747	*Modelo de um conhecido avião.*
	55	*Pessoa de meia-idade.*
	890	*A avó tem 89 anos e o avô, 90.*
3486921750	___	___
	___	___
	___	___
	___	___
9746351082	___	___
	___	___
	___	___
	___	___
96352107401	___	___
	___	___
	___	___
	___	___

Exercício 2

Os especialistas em segurança dizem que a maioria das senhas seguras combinam letras e números. Crie uma senha para o cofre da sua casa nova. Ela deve conter de seis a oito caracteres e incluir letras e números. Os segmentos de números e letras devem ter um sentido especial para você.

Senha	Associação
___	___
___	___

Exercício 3

Insira seus próprios números pessoais nos espaços a seguir. Depois, veja quantas associações conhecidas você consegue encontrar em cada número.

Código	Número	Associação
Carteira de identidade	____________	____________________________
CEP	____________	____________________________
Telefone do cardiologista	____________	____________________________
Cartão do banco	____________	____________________________

Dia 2: associação fixa

Habilidade: associação
Número de exercícios: 2

Além das *associações livres*, temos a opção de criar *associações fixas* para nos lembrar melhor dos números. A vantagem dessas associações é que elas podem ser memorizadas e usadas diversas vezes. Com o tempo, o cérebro começa a substituí-las pelos próprios números abstratos, produzindo fortes rastreadores de memória. Veja a seguir o processo de criação de um código de associação fixa.

1. Estabeleça associações fixas para os números de 1 a 12.
2. Escolha associações fixas que tenham imagens concretas.
3. Combine as imagens das associações fixas numa história ou numa figura.

Exemplo 1

Este é um exemplo do código de associação fixa feito por uma pessoa. Use-o nos exercícios de hoje. Examine os números e suas associações fixas. Observe com que rapidez consegue memorizar o código.

Número	Associação fixa
0	Anel
1	Filho único
2	Gêmeos
3	Trio
4	Evangelhos
5	Dedos
6	Semestre
7	Anões da Branca de Neve
8	Borboleta

9	Meses de gestação
10	Mandamentos
11	Time de futebol
12	Meses do ano

Exemplo 2

Para se lembrar do número do seu armário na academia, Gilberto usa o código de associação fixa, criando uma história simples e fácil de memorizar. O número é 21012. Veja os três passos que ele segue usando o código de associação fixa apresentado no *exemplo 1*.

1. Separa os números *2 – 10 – 12*.
2. Transforma os números em suas imagens de associação fixa.

   2 = Gêmeos
   10 = Mandamentos
   12 = Meses do ano
3. Cria uma história que conecta as imagens de associação fixa.

   Os gêmeos (2) seguem os (10) Mandamentos
   nos (12) meses do ano.

Exercício 1

Usando o código de associação fixa apresentado no *exemplo 1*, tente decodificar os números implícitos nas frases a seguir. Confira suas respostas com os resultados corretos no fim deste capítulo.

a. Os *meses de gestação* do meu *filho único*.
b. Os *anões da Branca de Neve* não usam *anel* nos *dedos*.
c. O símbolo do *trio* de cantores da minha cidade é uma *borboleta*.
d. Os *gêmeos* foram torcer por seu *time* de futebol na última partida do *semestre*.

Exercício 2

Neste exercício, você verá como o uso de associações fixas melhora a memorização de números. É uma atividade de duas partes. Na primeira delas, você tentará se lembrar de uma série de números sem a ajuda do código. Na segunda etapa, fará uso do código para se recordar dos números.

Parte 1

Examine por um minuto a série de números a seguir. Por enquanto não aplique o código de associação fixa. Agora, cubra todos os números listados e anote aqueles de que conseguir se lembrar.

98

26

12

65

34

Parte 2

Crie imagens de associação fixa para cada um dos números listados. Associe as imagens em frases ou histórias incomuns e escreva-as ao lado dos números. Depois, examine as frases com atenção por um minuto. Em seguida, cubra os números e as frases. Anote todos os números de que conseguir se lembrar.

Número	**Associação fixa**
76	*Os sete anões cantam durante todo o semestre.*
10	______________________________
65	______________________________
89	______________________________
34	______________________________
24	______________________________

Que tal seu desempenho? Se você for como a maioria das pessoas, conseguiu se lembrar de mais números usando o código de associação fixa. Quanto mais utilizar esse recurso, mais facilidade terá para se recordar rapidamente dos números importantes em sua vida.

Dia 3: imagine isso

Habilidades: visualização e associação
Número de exercícios: 3

Alguns números têm imagens implícitas. Quando olhamos para eles, imaginamos formas conhecidas. Podemos explorar uma característica visual e usá-la para criar um código de associação de imagens. Para isso, vincule os números a figuras concretas com as quais se assemelhem. Associe as imagens numa frase ou história incomum.

Exemplo 1

Vanda passou recentemente na prova para obter o registro de corretora de imóveis. Está ansiosa para começar na nova profissão. Ela tem muita facilidade para se relacionar com pessoas e é uma negociadora criativa. Porém, apresenta uma pequena limitação: dificuldade para se lembrar de números, o que é um problema na sua área. Por isso, decide tentar um novo método de memorização. Cria um código de associação de imagens para ajudá-la a recordar-se melhor das avaliações e dos preços dos imóveis. Para elaborar seu código, Vanda transforma os números de 0 a 10 nas imagens concretas com que se parecem. Chega até a desenhar algumas delas. Depois, registra o código na memória. Tente memorizar esse código, pois você precisará usá-lo nos próximos exercícios.

Código de associação de imagens de Vanda

Número	Imagem
0	Ovo
1	Vela
2	Cisne
3	Onda do mar
4	Barco a vela
5	Mergulhador
6	Cascavel
7	Trampolim
8	Boneco de neve
9	Balão de gás numa corda
10	Bastão e bola

Os esboços feitos por Vanda

Exemplo 2

Lenita, irmã de Vanda, usa esse código de associação de imagens para se lembrar do seu número de inscrição na locadora de vídeo, que é 4529. Este é o processo que ela segue:

1. Transforma cada número na imagem a que ele está associado:

   4 = barco a vela
   5 = mergulhador
   2 = cisne
   9 = balão de gás numa corda

2. Associa as imagens num quadro ou numa história.
3. Acrescenta cor e/ou humor para tornar mais vívidas as imagens e suas associações na história.

Usando o processo descrito, este é o quadro que Lenita cria na cabeça: *um barco a vela prateado* (4) *com um mergulhador* (5) *no convés carregando o equipamento de mergulho. Seguindo o barco vem um cisne negro* (2) *com um balão* (9) *vermelho amarrado no pescoço. O mergulhador vai salvar o cisne.*

Exercício 1

Empregando o código criado por Vanda, converta as imagens a seguir nos números que elas representam. A primeira associação já foi feita para você. Tente completar o exercício de memória. Veja as respostas no fim deste capítulo.

Imagem	Qual é o número?
a. *Trampolim, onda, cascavel*	*736*
b. Boneco de neve, barco a vela, balão de gás	______
c. Vela, mergulhador, cisne, ovo	______
d. Balão de gás, onda, onda, barco a vela	______
e. Vela, trampolim, cisne	______
f. Cascavel, bastão e bola, barco a vela	______

Exercício 2

Use o código de associação de imagens e crie uma figura, frase ou história incomum para ajudá-lo a se lembrar dos números relacionados a seguir. A primeira associação já foi feita para você.

Número	Associação
348	*Uma onda balançando um barco a vela com um boneco de neve derretendo-se no convés.*
105	______
019	______
108	______
3520	______
8697	______
05739	______

Exercício 3

Aplique o código de associação criado por Vanda para converter em imagens números importantes em sua vida. Depois, associe as imagens numa frase ou história incomum ou pitoresca.

Seu número	**Imagem**	**Frase/história**
__________	__________	__________
Carteira de motorista	__________	__________
	__________	__________
__________	__________	__________
Carteira de identidade	__________	__________
	__________	__________
__________	__________	__________
Cartão do banco	__________	__________
	__________	__________

Dia 4: veja padrões

Habilidade: visualização
Número de exercícios: 2

Alguns números contêm padrões implícitos. Muitos deles exibem relações matemáticas que já conhecemos. Outros se apresentam em padrões seqüenciais ou espaciais. Reconhecer esses padrões familiares é um recurso que podemos usar para reter números na memória de longo prazo. Numa apresentação numérica, procure por padrões matemáticos, espaciais e seqüenciais.

Exemplo 1

O número do telefone do novo trabalho de Júlia é 8642-0246. Por ser ótima em matemática, ela identifica rapidamente um padrão matemático simples: chega-se ao *prefixo telefônico* (8642) subtraindo 2 de cada número precedente e, ao *número da linha* (0246), somando 2 a cada número precedente.

Exemplo 2

Rita está sentindo dificuldade para se lembrar do número do telefone do novo salão que está freqüentando, que é 2580-2356. No entanto, olhando a localização dos algarismos num teclado de telefone, ela vê duas formas visuais. Os números do prefixo (2580) estão numa linha vertical, enquanto os demais (2356) formam um quadrado. Agora, toda vez que Rita liga para o salão, concentra-se nesses dois padrões. Com pouco esforço, ela logo memoriza o número.

Exercício 1

Crie um novo número de telefone para sua casa em que todos os algarismos tenham uma relação matemática.

Número do telefone: ____________ ____________ ____________________

Código de área   Prefixo   Número da linha

Exercício 2

Escolha três números de telefone que você queira guardar na memória. Observe o teclado do telefone na ilustração do *exemplo 2*, acima.

Procure encontrar padrões de memorização para qualquer segmento dos números.

Número de telefone	Padrão/forma
____________________	______________________________________
____________________	______________________________________
____________________	______________________________________

Dia 5: ritmo & rima

Habilidades: verbalização, visualização e associação
Número de exercícios: 3

Quando rimamos números, criamos padrões de som que ficam gravados na memória. Essa é uma forma divertida e fácil de melhorar a memorização de números. Veja como funciona:

1. Crie um código de associação em que os números sejam substituídos por rimas com imagens concretas.
2. Escolha palavras rimadas que representem imagens concretas.
3. Associe as imagens numa história simples.

Exemplo 1

Henrique detesta a aula de química que tem na faculdade. O número do seu armário no laboratório de química é 2380. Ele se lembra dos algarismos repetindo a seguinte frase rimada:

Vinte e três, oitenta,
Essa aula ninguém agüenta.

Exemplo 2

A nova professora de piano de Patrícia mora no sexto andar, apartamento 605. A composição que Patrícia está ensaiando no momento é *Labirinto*, de Vinicius de Moraes e Edu Lobo. Para se lembrar do número do apartamento da professora, ela cria esta rima:

Para tocar *Labirinto*,
Preciso ir ao 605.

Exemplo 3

Maria do Carmo criou um código de associação por rima que já conseguiu memorizar. Ela usa as rimas para formar imagens que a ajudam a se lembrar de números importantes. Veja o código a seguir.

Número	Palavra rimada
0	Amarelo
1	Atum
2	Arroz
3	Xadrez
4	Pato
5	Cinto
6	Chinês
7	Canivete
8	Biscoito
9	Chove
10	Pés

Maria do Carmo quer comprar uma nova impressora. O número do modelo é 44263. Usando o código de rimas, ela converte os números em palavras rimadas e as associa nesta frase simples:

Dois patos (44) comem o arroz (2) jogado por um chinês (6) numa toalha xadrez (3).

Exercício 1

Examine o código de associação por rima no *exemplo 3*. Depois, observe com que rapidez você decodifica os números implícitos nas frases a seguir. Veja as respostas no fim deste capítulo.

a. O menino de tênis *amarelo* apontou o lápis com o *canivete*.
b. Venha jogar *xadrez* enquanto *chove*.
c. Lave seus *pés* e entre para fazer o *arroz* e o *biscoito*.
d. O *chinês* afugentou o *pato* com o *cinto* e depois comeu o *atum*.

Exercício 2

Use o código de associação por rima e transforme cada número na imagem a que ele está associado. Em seguida, junte as imagens numa frase ou história simples.

Número	Palavras rimadas	Frase/história
28	____________	____________________________
103	____________	____________________________
64	____________	____________________________
17	____________	____________________________
9	____________	____________________________

Exercício 3

Selecione três números de telefone importantes que você ainda não conseguiu decorar. Use o código de associação por rima. Converta cada algarismo em sua imagem correspondente. Junte as imagens numa frase ou história simples. Depois, tecle o número do telefone usando apenas a frase ou a história como lembrete de memória.

Número	Palavras rimadas	Frase/história
________	____________	____________________________
________	____________	____________________________
________	____________	____________________________
________	____________	____________________________
________	____________	____________________________

Dia 6: sopa de letrinhas

Habilidades: verbalização e associação
Número de exercícios: 3

Como você já constatou, há várias maneiras de criar códigos numéricos. Um tipo de código que ainda não vimos é o da *associação alfabética*. Com esse método, os números são convertidos em letras do alfabeto, que, depois, são ligadas para formar palavras, acrônimos e acrósticos.

Exemplo 1

Num teclado de telefone, acima de cada número, com exceção de 1 e 0, há três ou quatro letras impressas. Essas letras podem ser transformadas em palavras e acrósticos, facilitando a memorização de alguns números de telefone.

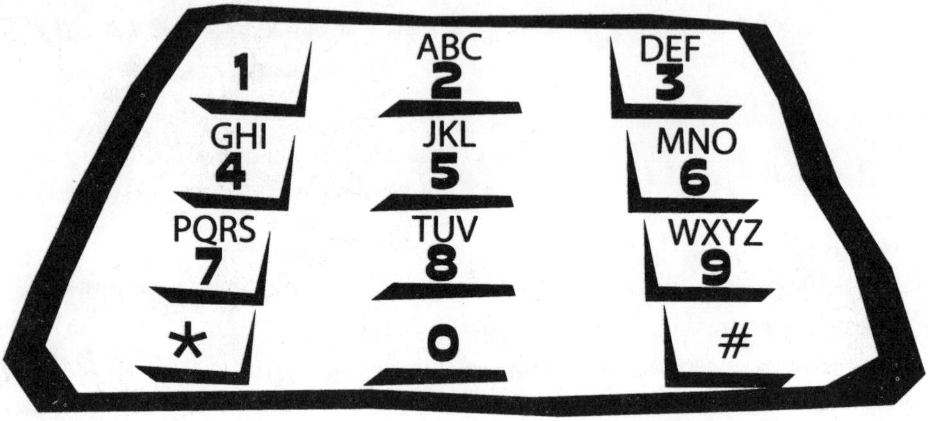

Números de telefone	**Palavras**
3236-7462	DADO-RIMA
5827-4653	LUAR-GOLE

Exemplo 2

A irmã de Geraldo acabou de se mudar para outro estado. Ele usa as letras no teclado do telefone para criar um acróstico que o ajude a se lembrar do seu novo código de área.

Código de área	**Letras correspondentes**	**Acróstico**
524	LCI	Lembrete código irmã

Exemplo 3

Os números de telefone, porém, não são os únicos dos quais precisamos nos lembrar. Além disso, nem sempre podemos recorrer à ajuda do teclado telefônico. O processo a seguir mostra como criar um código de associação alfabética livre. Esse método é popular por facilitar a memorização de números de muitos dígitos. Veja como funciona:

Passo 1:

Converta números em letras do alfabeto para criar um código de associação alfabética.

1 = A, 2 = B, 3 = C, 4 = D, 5 = E, 6 = F, 7 = G, 8 = H, 9 = I, 0 = J

Passo 2:

Desmembre números grandes em pares:

7316 pode ser repartido em dois pares: 73 e 16

Passo 3:

Usando o código de associação alfabética apresentado no *passo 1*, converta cada um dos pares de números em letras.

73 = GC
16 = AF

Passo 4:

Trate as letras resultantes como iniciais de nome. Pense em pessoas famosas que se encaixem nas iniciais.

73 = Gal Costa
16 = Antônio Fagundes

Passo 5:

Encontre uma associação que ligue as pessoas famosas numa imagem ou historinha.

Antônio Fagundes assiste a um show de Gal Costa na Bahia.

Exercício 1

Use o teclado do telefone como seu código de associação alfabética e crie acrônimos e acrósticos para os prefixos de telefone listados a seguir. Faça a correspondência do número 1 com a letra I e a do número 0 com a letra O.

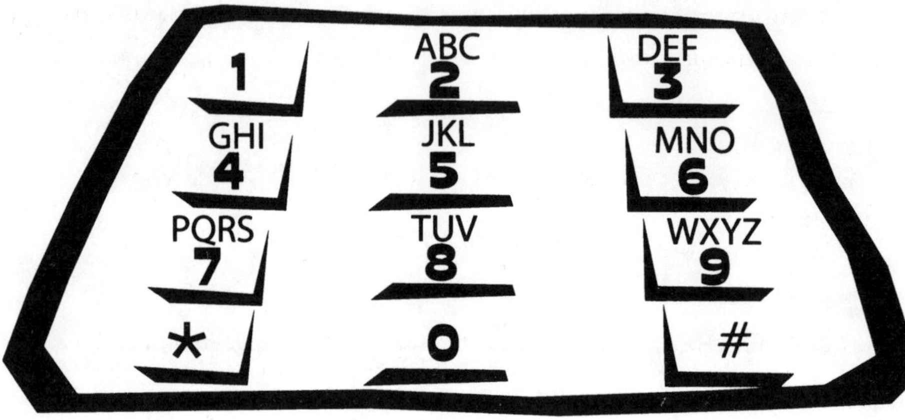

Prefixo	Letras	acrônimo/acróstico
4053	*HOJE*	***HOJE** (acrônimo)*
7362	*SDNB*	***S**e **D**irigir, **N**ão **B**eba*
2548	____________	____________________
9710	____________	____________________
5634	____________	____________________

Exercício 2

As pessoas sempre usam o teclado telefônico como código de associação alfabética para criar números de telefone comerciais marcantes. Por exemplo, uma loja de decoração poderia escolher a formação 2352-2272, que se transforma em BELA CASA.

Agora imagine que você vá abrir o negócio dos seus sonhos. Selecione um número de telefone que se converta numa significativa mensagem de marketing para sua nova atividade.

Número do telefone comercial	Mensagem de marketing
____________________	____________________

Exercício 3

Use o processo de código alfabético descrito no *exemplo 3* das páginas 154-155 para converter os números de dígitos múltiplos listados a seguir em iniciais de celebridades. Depois, junte as pessoas famosas numa imagem marcante. O primeiro deles foi convertido para você como exemplo. Sua tarefa é completar as últimas duas colunas (*nomes, associação*). Se preferir, transforme o exercício num jogo com amigos. Organize equipes para competirem umas com as outras. Veja qual delas consegue apresentar mais rápido os nomes e as associações.

Código de associação alfabética parcial

1 = A, 2 = B, 3 = C, 4 = D, 5 = E, 6 = F, 7 = G, 8 = H, 9 = I, 0 = J

Número	Segmentos	Iniciais	Nomes	Associação
6113	*61, 13*	*F. A. & A. C.*	*Fábio Assunção Adriana Calcanhotto*	*Fábio Assunção sobe ao palco e canta com Adriana Calcanhotto.*
a. 0162	01, 62	J. A. & F. B.	______________	______________
b. 7212	72, 12	G. B. & A. B.	______________	______________
c. 2633	26, 33	B. F. & C. C.	______________	______________
d. 4670	46, 70	D. F. & G. J.	______________	______________
e. 3277	32, 77	C. B. & G. G.	______________	______________

Dia 7: miscelânea

Habilidades: múltiplas
Número de exercícios: 2

Para realizar os exercícios do dia 7, você terá que recorrer às técnicas e habilidades aplicadas em exercícios anteriores.

Exercício 1

Reveja todos os métodos empregados para a memorização de números nos exercícios de treinamento desta semana. Depois, selecione o código de associação de memória de que mais gosta. Usando esse código, treine lembrar-se de números nas situações cotidianas listadas a seguir. A cada semana, escolha uma situação diferente da lista como foco de treinamento. Sinta-se livre para acrescentar a essa relação os itens que julgar convenientes. Quanto mais você praticar com o código de memória, mais ele se fixará em sua mente. Em pouco tempo, conseguirá se recordar de números com facilidade e rapidez.

Situações práticas

- Preços de produtos que você compra
- Informações de viagem
- Números de vôos
- Endereços de ruas
- Hora no relógio
- Emissoras de TV e rádio
- Seu peso
- Número da placa de um mau motorista
- Datas
- Quantidades
- Jogos de baralho
- Números de telefone
- Números de inscrição em academias, locadoras de vídeo, etc.

Exercício 2

Antes de começar a fazer este exercício, escolha ou o código de associação de imagens ou o código de associação por rima. A atividade será o antigo jogo da memória, e você a realizará usando o código de associação selecionado. Esse jogo proporciona uma maneira divertida de decorar um código de associação. Será necessário que tenha à mão um baralho completo. Leia as instruções a seguir.

1. Primeiro, embaralhe as cartas e coloque-as viradas para baixo numa superfície plana.
2. Escolha duas cartas ao mesmo tempo.
3. Quando encontrar um par de cartas de mesmo número, aplique o código de associação escolhido. Se for o de imagens, deverá dizer

em voz alta a correspondência certa. Por exemplo, caso tire dois números 6, afirme: "Dois chineses." Se a associação não for feita corretamente, as cartas não contarão como um par e você terá que devolvê-las à posição original.

4. Sempre que você acertar uma associação usando o código de imagens, retire o par de cartas e coloque-o ao lado.
5. O jogo termina quando você tiver formado todos os pares de cartas do baralho.

Coluna de aconselhamento do Dr. Cérebro em Forma

Caro Dr. Cérebro em Forma,

Ultimamente a mídia tem divulgado os benefícios que o vinho tinto pode proporcionar à saúde. Não tenho o hábito de beber, mas venho pensando em tomar uma taça de vinho tinto por dia. Qual é o efeito dessa bebida para o cérebro e a memória?

– Alberto

Caro Alberto,

Você tem razão. O vinho tinto vem recebendo muita cobertura positiva da imprensa. Apesar disso, poucos médicos aconselham alguém que não tenha o hábito de beber a começar a fazer isso. O álcool é reconhecidamente uma toxina para o cérebro. Qualquer decisão de passar a beber, mesmo que quantidades moderadas de vinho tinto, deve basear-se em fatos e numa análise do seu histórico médico pessoal.

O vinho tinto e o cérebro

Muitas pesquisas indicam que uma taça ou duas de vinho tinto por dia talvez ajudem a prevenir distúrbios neurodegenerativos, como os males de Parkinson e Alzheimer. Não é o álcool no vinho, porém, que proporciona os benefícios à saúde. Esses efeitos positivos decorrem das propriedades antioxidantes do vinho tinto, em particular do resveratrol. Os resultados de um estudo realizado pelo Dr. Egemen Savaskan na Universidade da Basiléia, na Suíça, mostraram que o resveratrol protege as células contra o dano oxidante causado pelas placas betaamilóides por meio da eliminação dos radicais livres.[1] Uma pesquisa da Universidade de Milão revelou que as células neurais se regeneram quando expostas ao resveratrol. Nesse estudo, os pesquisadores sugerem que uma ou duas taças de vinho tinto por dia podem ajudar a reforçar sete vezes as conexões neurais e impedir que haja mais degeneração. O resveratrol também é encontrado em uvas, no amendoim e em várias bagas. Em algumas lojas e sites de produtos naturais, é vendido em cápsulas como suplemento nutricional.[2]

Embora o resveratrol no vinho tinto proporcione muitos benefícios à saúde – como possível proteção contra derrame e doenças cardíacas –, é importante não se esquecer de que o álcool é uma toxina para o cérebro. Estudos mostram que as habilidades cognitivas são afetadas até por pequenas quantidades dessa substância. O álcool prejudica várias partes do cérebro, mas as células mais vulneráveis são as associadas à memória, à atenção, ao sono, à coordenação e ao discernimento. Seu consumo excessivo e prolongado pode causar encolhimento do cérebro, perda de memória e mudanças de personalidade. Portanto, para garantir que você colha os benefícios do vinho tinto sem os efeitos nocivos do álcool, a moderação é essencial. De forma geral, considera-se consumo moderado uma taça diária para as mulheres e duas para os homens.

Soluções

Dia 2: Exercício 1. a) 91; b) 705; c) 38; d) 2116.

Dia 3: Exercício 1. b) 849; c) 1520; d) 9334; e) 172; f) 6104.

Dia 5: Exercício 1. a) 07; b) 39; c) 1028; d) 6451.

Dia 6: Exercício 3. (possíveis associações de nome) a) Jorge Amado, Fátima Bernardes; b) Gisele Bündchen, Ana Botafogo; c) Betty Faria, Carla Camurati; d) Daniel Filho, Gracindo Júnior; e) Carlinhos Brown, Gilberto Gil.

Capítulo sete

Lembrando quando

"O casamento é uma aliança entre duas pessoas: uma delas jamais se lembra dos aniversários, enquanto a outra jamais se esquece deles."
– Ogden Nash

Ocasiões especiais

Lembrar-se de ocasiões especiais e de compromissos importantes devia ser fácil. Afinal, quase todo mundo possui um calendário ou uma agenda e muitas pessoas têm palmtops. Mas o esquecimento de aniversários de casamento e nascimento é muito citado como fator de tensão nos relacionamentos. Por quê? A esta altura você já deve saber a resposta.

Não se esquecer de aniversários, datas comemorativas e de outros eventos baseados no calendário representa um desafio duplo à memória. Em primeiro lugar, estamos lidando com números, que, como você deve estar lembrado, são abstratos e não têm significado em si mesmos. Em segundo lugar, estamos tratando de intenções futuras, que muitas vezes se encontram distantes no tempo e ocorrem apenas uma ou duas vezes por ano, e não de forma rotineira. As dicas de recuperação da memória para esses acontecimentos são desafiadoras: saber que seu aniversário de casamento é em julho não garante que você se lembrará da data exata em julho e ter conhecimento da data exata nesse mês também não garante que ela não vá escapar da sua mente.

Dicas de memória para lembrar-se de quando

1. Use um calendário e/ou uma agenda e verifique-os diariamente.
2. Compre uma agenda eletrônica que tenha a função lembrete.
3. Compre cartões comemorativos com antecedência e preencha-os mês a mês.
4. Estabeleça um cronograma semanal para tarefas de rotina e cumpra-o.
5. Coloque lembretes visuais no carro ou num lugar de destaque na sua casa.
7. No consultório do seu médico ou dentista, solicite um cartão com a data da próxima consulta.
8. Peça a amigos e familiares que liguem para lembrá-lo de ocasiões especiais e estenda essa mesma cortesia a eles.

Qual é o objetivo da ginástica para a memória?

Para se lembrar de eventos baseados no calendário, a melhor opção será sempre uma agenda tradicional de papel ou uma agenda eletrônica, de preferência com um dispositivo de lembrete automático. Ainda assim, como garantia, vale a pena saber criar suas próprias dicas de memória. Afinal, apesar das agendas, é possível deixar de fora uma data fundamental – portanto, quanto mais estímulos para a memória, melhor. Além disso, usar ativamente habilidades mentais em vez de depender de lembretes passivos ocupa o cérebro com uma atividade saudável.

Vamos malhar!

Bem-vindo à estação *Lembrando quando*. Com a prática dos exercícios desta semana, você fortalecerá sua capacidade de se lembrar a tempo de datas importantes da sua vida, como aniversários e outras ocasiões especiais. Para isso, usará as habilidades de memória selecionadas. O emprego dessas técnicas o ajudará a registrar datas importantes na memória de longo prazo e a se recordar delas quando necessário.

Plano semanal de exercícios

A tabela a seguir apresenta as atividades do programa Cérebro em Forma para a estação *Lembrando quando*. Cada dia de exercícios é precedido por uma introdução, que relaciona as habilidades de memória a serem usadas e fornece exemplos de aplicação.

Dia	Nome do exercício	Habilidades	Páginas
1	associações com a agenda	associação	163-165
2	rimas para a agenda	verbalização associação	166-167
3	imagens para a agenda	visualização verbalização associação	167-170
4	lembretes de ambiente	observação ativa visualização associação	170-173
5	associações de datas	visualização	173-175
6	tarefas de calendário	associação visualização	175-176
7	acessórios de calendário	associação	177-179

Dia 1: associações com a agenda

Habilidade: associação

Número de exercícios: 2

A associação com a primeira letra é uma forma rápida e simples de nos lembrarmos do *que* temos que fazer e *quando*. Nesse tipo de ligação, juntamos um evento à data em que ele está marcado na agenda ou no calendário. Vincule as primeiras letras do evento com a primeira letra do dia registrado na agenda para criar uma palavra fácil de gravar (*acrônimo*) ou uma frase fácil de memorizar (*acróstico*).

Exemplo 1

Luís recebe um telefonema do consultório do seu dentista para lembrá-lo da sua consulta com o Dr. Bernardo na próxima segunda-feira. Ele associa as duas primeiras letras do nome do médico com a primeira letra da data na agenda e cria um acrônimo fácil de lembrar.

Compromisso	Acrônimo
Bernardo na segunda	BENS

Exemplo 2

Júlia se lembra na segunda-feira de que tem que apanhar suas novas lentes de contato na quarta-feira. Ela associa as primeiras letras do compromisso com a primeira letra da data na agenda e cria um acróstico de fácil memorização.

Compromisso	Acróstico
Lentes de contato na quarta	Leitores de contos no quarto

Exemplo 3

André gosta de rotinas. Por exemplo: sempre paga as contas na segunda-feira e vai ao supermercado na quinta-feira. Ele acha que é mais fácil para a mãe, que anda ficando meio esquecida, seguir uma programação de compromissos semanais previamente estabelecida. Então, cria uma "associação com a agenda" para ela, que ainda é afiada quando se trata de leitura e de jogos de palavras.

Dia	Compromisso	Associação com a primeira letra
Segunda-feira	contas	**C**
Terça-feira	terapia	**T**
Quarta-feira	unhas	**U**
Quinta-feira	supermercado	**S**
Sexta-feira	feira	**F**

Depois, André e a mãe, cujo nome é Célia, elaboram uma frase no formato de acróstico para ajudá-la a cumprir o esquema semanal. Usando as primeiras letras dos compromissos de cada dia na seqüência da agenda, eles criam a mensagem: "*Célia terá uma semana feliz.*" Célia promete decorar a frase e se ater ao esquema.

Exercício 1

Invente um acrônimo ou acróstico fácil de lembrar para os compromissos que você terá nesta semana. O item na primeira linha é um exemplo.

Evento/Compromisso	**Acrônimo/acróstico**
Fisioterapia na sexta-feira	*FINS*
______________________	______________________
______________________	______________________
______________________	______________________
______________________	______________________
______________________	______________________
______________________	______________________
______________________	______________________
______________________	______________________
______________________	______________________

Exercício 2

Faça associações com a agenda (ou calendário) para organizar sua rotina semanal (por exemplo: dia de pagar contas, fazer faxina, ir à manicure, etc.). Liste as atividades que compõem sua semana na coluna B. Relacione uma delas por dia. Escreva a primeira letra de cada atividade na coluna C, em seqüência, na vertical, para criar um acróstico ou acrônimo fácil de memorizar.

A. Dia da semana	**B. Atividade de rotina**	**C. Associação com a primeira letra**
Segunda-feira	______________	______________
Terça-feira	______________	______________
Quarta-feira	______________	______________
Quinta-feira	______________	______________
Sexta-feira	______________	______________

Dia 2: rimas para a agenda

Habilidades: verbalização e associação
Número de exercícios: 2

Para as pessoas que gostam de trabalhar com as palavras e seus sons, talvez seja divertido lembrar ocasiões especiais usando rimas simples. Crie rimas fáceis, até mesmo infantis, que se relacionem a datas comemorativas.

Exemplo 1

Os aniversários da irmã e do pai de Kátia caem na semana de 20 de setembro. Kátia, estudante de inglês, compõe uma rima para reforçar sua memória quanto a essas datas importantes. Ela a ensaia na semana que antecede os aniversários.

No dia 20 de setembro vou me lembrar
E os aniversários do meu pai e da minha irmã vou gravar.
Datas tão importantes não posso esquecer
Porque esses dois não quero entristecer.

Exemplo 2

Daniel e Ana são recém-casados. Querem ter certeza de que jamais se esquecerão da data de seu aniversário de casamento: 11 de agosto. Juntos criam a seguinte rima.

Onze de agosto é nossa data mais importante
Pelas alianças, bodas e votos confiantes.

Exercício 1

Para criar rimas para a agenda com mais facilidade, procure primeiro encontrar frases que rimem com cada mês. Depois, introduza a frase nos versos sobre o evento especial. No quadro a seguir, os dois primeiros exemplos já foram feitos para você. As palavras que rimam com cada mês estão em negrito. Formule frases rimadas para os meses restantes.

Mês	**Verso rimado**
Janeiro	*Se eu esquecer essa data, vou cair num* ***atoleiro****.*
Fevereiro	*Esse é o mês de pensar* ***ligeiro****.*
Março	____________________
Abril	____________________
Maio	____________________
Junho	____________________
Julho	____________________
Agosto	____________________
Setembro	____________________
Outubro	____________________
Novembro	____________________
Dezembro	____________________

Exercício 2

Pense nos aniversários de três pessoas importantes na sua vida. Depois, crie poemas rimados que o ajudem a se lembrar melhor dessas datas. Introduza as frases rimadas que elaborou no *exercício 1* para ajudá-lo a completar os versos.

Eventos especiais	**Versos**
__________	____________________
__________	____________________
__________	____________________
__________	____________________
__________	____________________
__________	____________________
__________	____________________
__________	____________________
__________	____________________
__________	____________________

Dia 3: imagens para a agenda

Habilidades: visualização, verbalização e associação
Número de exercícios: 2

Compromissos e reuniões são ocorrências que quase sempre envolvem dois números. Um deles representa o dia da semana (por exemplo, o domingo pode ser considerado o Dia 1; a segunda-feira, o Dia 2, e assim por diante). O outro número corresponde à hora (por exemplo, 5 horas da manhã, 9 horas da noite). A conversão desses dois números (dia e hora) em imagens concretas nos permite criar figuras e histórias que facilitam a memorização de eventos importantes.

1. Atribua um número seqüencial a cada dia da semana.
2. Para o evento, identifique o *número do dia* (por exemplo, Dia 1) e o número da *hora*.
3. Converta esses dois números em imagens concretas, usando o código de associação de imagens ou o código de associação por rima. (Veja o capítulo seis.)
4. Combine essas imagens numa figura ou história incomum ou pitoresca.

Exemplo 1

Sandra vai se encontrar com seu personal trainer na quinta-feira às 7 horas da manhã. Para se lembrar do compromisso, ela usa o processo descrito na abertura desta seção. Primeiro, atribui um número a cada dia da semana, de modo que domingo é Dia 1 e sábado Dia 7. Os dois números que agora representam sua sessão de treinamento são *5* (quinta-feira, dia da semana) e *7* (hora do treinamento). Em seguida, ela converte esses números nas imagens concretas a que estão associados no quadro apresentado a seguir. Isso lhe dá as imagens de um *mergulhador* (5) e de um *trampolim* (7). Ela junta as figuras e cria esta história: *um mergulhador (5) dá um salto mortal de um trampolim (7).*

Número	Imagem	Número	Imagem
1	Vela	6	Cascavel
2	Cisne	7	Trampolim
3	Onda do mar	8	Boneco de neve
4	Barco a vela	9	Balão de gás numa corda
5	Mergulhador	10	Bastão e bola

Exemplo 2

Isabela usa o código de associação de imagens para ajudá-la a se lembrar das reuniões mais importantes da semana. Ela faz a correspondência dos números de 1 a 5 com os dias úteis – de segunda a sexta-feira. Veja a seguir uma breve versão da sua agenda figurativa. Toda manhã, Isabela revê as imagens registradas para aquele dia.

Dia	**Hora do compromisso**	**Números & imagens**	**Figuras**
Dia 1 (segunda-feira)	3 horas da tarde	1 (vela), 3 (onda)	Uma vela branca flutuando numa onda verde do mar.
Dia 2 (terça-feira)	9 horas da manhã	2 (cisne), 9 (balão de gás numa corda)	Um cisne negro andando com um balão de gás vermelho amarrado ao pescoço.

Exercício I

Transforme cada uma das seguintes reuniões numa figura ou história incomum convertendo os dias e as horas de cada uma delas em números e associando os números a imagens. Escolha o código de associação de imagens ou o código rimado para fazer a conversão dos números em imagens concretas. Junte as imagens numa figura ou história pitoresca. Substitua os números de 1 a 5 pelos dias da semana de segunda a sexta-feira. Coloque a informação em itálico na sua figura ou história. O primeiro exemplo já foi preenchido para você.

1. Consulta com o *dentista* na segunda-feira às 2 horas da tarde.
2. Ensaio para o desfile da *escola de samba* na sexta-feira às 7 horas da noite.
3. Entrevista para o *novo trabalho* na terça-feira às 4 horas da tarde.
4. Reunião da *Associação de Pais e Professores* na quarta-feira às 8 horas da noite.
5. Avaliação trimestral na *academia* na quinta-feira às 6 horas da manhã.

Dia	Hora da reunião	Números	Imagens	Figura/história
1	2 horas da tarde	1, 2	Dentista, vela, cisne	Seu dentista usa uma vela para ver dentro da boca do cisne.
______	______	______	______	______ ______
______	______	______	______	______ ______
______	______	______	______	______ ______
______	______	______	______	______ ______

Exercício 2

Escolha três compromissos importantes que você tem com hora marcada nesta semana. Siga o processo do *exercício 1* para criar uma figura ou história que facilite a memorização de cada um dos eventos.

Dia	Hora da reunião	Números	Imagens	Figura/história
______	______	______	______	______ ______
______	______	______	______	______ ______
______	______	______	______	______ ______

Dia 4: lembretes de ambiente

Habilidades: observação ativa, visualização e associação
Número de exercícios: 2

Eventos pessoais, como aniversários de casamento e nascimento, obviamente ocorrem no mesmo mês e na mesma estação todo ano. Cada mês e cada estação têm seus próprios lembretes. Por exemplo, é difícil não notar o mês de dezembro. Há sinais dele em toda parte – nas luzes que decoram os prédios e as ruas, nas árvores de Natal nos shopping centers e em todos os tipos de enfeites natalinos exibidos nas vitrines das lojas. Se você tiver uma data especial a lembrar em dezembro, coloque um Papai Noel no banheiro da sua casa como estímulo para a memória. A mistura de lembretes de ambiente com habilidades de memória é uma forma divertida e eficaz de não se esquecer desses eventos.

- Observe ativamente os lembretes de ambiente próprios de cada mês.
- Selecione um lembrete de ambiente para cada mês que sirva como estímulo de memória.
- Crie uma imagem forte desse lembrete.
- Produza uma imagem marcante do evento especial. Junte a imagem do lembrete de ambiente à do evento numa figura ou história pitoresca.

Exemplo 1

Renata, mãe da melhor amiga de Cecília, fica magoada quando alguém se esquece do seu aniversário, que cai em maio. Para lembrar-se desse evento especial, Cecília o associa ao fato de esse ser o mês em que se comemora o Dia das Mães. Assim, toda vez que vê figuras de mães nos variados anúncios que o comércio produz para a data, ela visualiza a imagem da mãe da sua amiga. Fazer esse vínculo entre as imagens funciona como um estímulo para sua memória, impedindo-a de deixar o aniversário de Renata passar em brancas nuvens.

Exemplo 2

O aniversário de Clara, prima de José, é em março, época da volta às aulas. Clara adora ler e aprender coisas novas. Todo mês de março, quando José vê a garotada dirigindo-se à escola, ele visualiza a prima entrando num ônibus escolar com um novo livro debaixo do braço. A associação de imagens do retorno às aulas com o aniversário de Clara funciona como um lembrete de ambiente que o ajuda a se recordar dessa data cspecial.

Exercício 1

Para cada mês do calendário, relacione todos os lembretes relativos à época que lhe vierem à mente. Depois, faça um círculo em volta daqueles que são mais marcantes ou que têm um significado especial para você. Os dois primeiros exemplos já foram fornecidos.

Mês	Lembretes de ambiente
Janeiro	*Noite de Ano-Novo*
Fevereiro	*Carnaval*
Março	______________________
	______________________
Abril	______________________
	______________________
Maio	______________________
	______________________
Junho	______________________
	______________________
Julho	______________________
	______________________
Agosto	______________________
	______________________
Setembro	______________________
	______________________
Outubro	______________________
	______________________
Novembro	______________________
	______________________
Dezembro	______________________
	______________________

Exercício 2

Escolha quatro ocasiões especiais na sua vida que se repetem anualmente. Na coluna A, escreva o nome do evento. Na coluna B, insira o mês em que ele ocorre. Preencha a coluna C com um lembrete de ambiente que represente o mês. Na coluna D, crie uma figura ou história que ligue a imagem da ocasião especial ao lembrete de ambiente.

A. Ocasião	B. Mês	C. Lembrete	D. Figura/história
1. ________	________	________	________
________	________	________	________
2. ________	________	________	________
________	________	________	________
3. ________	________	________	________
________	________	________	________
4. ________	________	________	________
________	________	________	________

Dia 5: associações de datas

Habilidade: visualização
Número de exercícios: 2

Os lembretes de ambiente relacionados ao calendário nos ajudam a memorizar com mais facilidade os meses em que há acontecimentos especiais, mas não garantem que nos recordaremos do dia certo. Embora seja útil você usar enfeites de Natal para não se esquecer de que o aniversário da sua cunhada cai em dezembro, isso não significa que se lembrará de ligar para ela na data correta. Se quisermos memorizar o mês e o dia, precisaremos incluir imagens de números na figura ou história que criarmos para o evento.

Exemplo 1

O aniversário de Renata, a mãe da melhor amiga de Cecília, é 4 de maio, próximo ao Dia das Mães, no segundo domingo do mês. Cecília já criou a imagem de uma mãe acompanhada da filha para ajudá-la a se lembrar de que esse evento especial é comemorado em maio. Agora, quer juntar a data e a imagem. Usando o código de associação de imagens, ela substitui o número 4 pela figura de um barco a vela. Depois a une ao quadro que já formou em sua mente. Esta é a imagem final, incluindo os lembretes de memória do mês e da data:

Mãe e filha passeiam em um barco a vela.

Exemplo 2

José criou a imagem de sua prima Clara lendo um novo livro num ônibus escolar para se lembrar com mais facilidade de que o aniversário dela coincide com a volta às aulas em março. Agora, ele quer acrescentar a data de nascimento de sua prima a essa imagem. Clara nasceu no dia 3 de março. José usa o código de associação por rima para converter esse algarismo na palavra *xadrez*. Assim, ele vê a prima no ônibus escolar lendo um livro e usando uma bela saia xadrez.

Exercício 1

No exercício de ontem, você recorreu a lembretes de ambiente para criar figuras ou histórias fáceis de memorizar de quatro ocasiões especiais em sua vida que se repetem todo ano. Reveja as figuras ou histórias que inventou. Inclua os passos apresentados a seguir para acrescentar as *datas* dos eventos às figuras ou histórias.

1. Identifique as datas reais de cada ocasião especial.
2. Converta as datas em imagens concretas empregando o código de associação de imagens ou o código de associação por rima.
3. Incorpore essas imagens à figura ou história existente.

A. **Ocasião**	**B.** **Data**	**C.** **Imagem do número**	**D.** **História ampliada**
1. ________	________	________	________ ________
2. ________	________	________	________ ________
3. ________	________	________	________ ________
4. ________	________	________	________ ________

Exercício 2

Para estimular um pouco o lado direito do cérebro, use o espaço a seguir para converter uma das suas histórias preferidas em um desenho. Não se preocupe com a qualidade do traço, apenas divirta-se.

Dia 6: tarefas de calendário

Habilidades: associação e visualização
Número de exercícios: 1

Todos nós temos determinadas tarefas de que precisamos nos lembrar de realizar anualmente. Se vivemos num clima frio, as lareiras precisam passar pelo serviço de limpeza e manutenção uma vez por ano fora da estação. Se vivemos num clima tropical, cobertores e edredons têm que ser lavados ou postos ao sol nos dias quentes para que estejam sem mofo e em boas condições de uso no inverno. A data real muitas vezes é menos importante do que o mês ou a estação em que devemos executar determinada atividade. Um método fácil e conveniente de memorizar esses afazeres é associá-los a feriados e eventos que se repetem todo ano. Os calendários e algumas agendas trazem o registro de diversos feriados e eventos, que podem ser nacionais (Dia da Independência), étnicos (Ano-Novo Judaico), históricos (Abolição da Escravatura), religiosos (Páscoa), comerciais (Dia das Mães) e sociais (Dia Mundial de Luta contra o Tabaco). O fato é que quase todos os meses e, com certeza, quase todas as estações têm datas marcantes. Podemos usá-las como estímulos de memória para nos recordar com mais facilidade das tarefas anuais que temos a cumprir. Veja a seguir como isso funciona.

1. Crie uma lista de tarefas anuais especiais.
2. Escolha eventos do calendário para associar a cada tarefa especial.
3. Crie imagens visuais do evento anual e da tarefa especial.
4. Associe essas imagens em uma figura ou história incomum ou pitoresca.

Exemplo 1

Há uma tarefa que Diana precisa realizar todo ano e da qual costuma se esquecer: mandar lavar todos os edredons e cobertores da casa e colocá-los ao sol durante o verão para que estejam prontos para serem usados no inverno. A melhor época para programar esse compromisso é em fevereiro, quando ela tem férias na Faculdade de Direito, onde é professora. Para se lembrar de executar essa atividade, Diana a vincula ao seu feriado preferido: o carnaval. Usando as habilidades de visualização e associação, ela imagina uma ala de escola de samba exibindo animadamente na avenida seus edredons e cobertores coloridos. Todo ano, quando compra uma nova agenda, Diana desenha essa imagem na página com a data do carnaval. Assim, as duas imagens ficam gravadas juntas em sua mente.

Exercício I

Rodada 1

Identifique três tarefas especiais que você precisa cumprir anualmente. Para cada uma delas, escolha um feriado ou evento que caia o mais perto possível da época em que a atividade tem que ser realizada.

Tarefas anuais	Eventos do calendário
1. ______________________	______________________
2. ______________________	______________________
3. ______________________	______________________

Rodada 2

Crie uma imagem vívida da tarefa e do evento. Associe as imagens numa figura ou história incomum ou pitoresca.

Imagem da tarefa	Imagem do evento	Figura/história
1. ______________	______________	______________
		______________
		______________
2. ______________	______________	______________
		______________
		______________
3. ______________	______________	______________
		______________
		______________

Dia 7: acessórios de calendário

Habilidade: associação

Número de exercícios: 2

Já pensou em ser estilista de moda? Bem, esta é a sua chance. Você poderá ser o criador dos seus próprios acessórios de calendário e usá-los em si mesmo ou na roupa. Eles irão a todos os lugares com você e servirão de lembretes de ocasiões e eventos especiais. Use acessórios-padrão de formas incomuns. Por exemplo, coloque o anel virado ao contrário ou o relógio de pulso no braço oposto. Outra idéia é prender na roupa objetos como elásticos e alfinetes. Se você for uma pessoa verdadeiramente criativa, poderá desenhar acessórios de calendário originais para amigos e familiares e dar-lhes de presente. Quem sabe aonde essa moda pode levá-lo? Talvez você até abra uma loja de acessórios de calendário.

Exemplo 1

Embora seja muito ocupada, Helena é uma pessoa organizada. Todo ano ela anota os eventos especiais na agenda e a lê cuidadosamente no início de cada mês. Dessa forma, vê, por exemplo, que o aniversário da melhor amiga está bem perto. Tão logo nota que se aproxima uma ocasião especial, ela começa a usar um lembrete visível. Assim, nunca se esquece das datas. Helena decidiu utilizar pequenas flores artificiais como lembretes de aniversários. Ela as prende na blusa, na bolsa ou no casaco. Escolhe flores de cores diferentes para representar os aniversários de amigos e de parentes. Para os dos amigos, prefere as amarelas. Para os da família, as brancas. E, para o aniversário do namorado, uma flor vermelha logo acima do coração.

Exemplo 2

Fábio precisa se lembrar de comprar um presente para o Dia das Mães durante uma viagem de negócios. Como lembrete, ele colocará nas camisas de trabalho as abotoaduras âmbar que a mãe lhe deu.

Exercício 1

Escolha objetos comuns (por exemplo: elástico, relógio de pulso, cadarço) que possa usar de formas incomuns para se lembrar das ocasiões importantes da sua vida. Selecione objetos diferentes para representar tipos distintos de eventos. Descreva como utilizará cada um dos seguintes acessórios de calendário. A lista de datas já foi iniciada para você. Complete-a com suas próprias ocasiões especiais.

Ocasião	**Objeto**	**Descrição do acessório**
Aniversários	____________	______________________________
Aniversário de casamento	____________	______________________________
Dia das Mães	____________	______________________________
Dia dos Pais	____________	______________________________

Exercício 2

Imagine que você acaba de inaugurar uma loja de acessórios de calendário. Conta com uma equipe de profissionais talentosos, entre eles uma estilista de moda e um especialista em marketing. A partir de agora, você anunciará seus produtos na TV, na internet e em revistas especializadas. Uma empresa do ramo manifestou interesse em associar-se ao seu negócio, caso ele realmente decole. Para cada uma das ocasiões especiais relacionadas a seguir, indique um acessório da moda atual (como lenços e broches) que possa ser usado como lembrete da data. Se gosta de desenhar, coloque suas idéias no papel.

Ocasião	**Acessório da moda atual**
Aniversários	______________________
Aniversário de casamento	______________________
Chá-de-bebê	______________________
Chá-de-panela	______________________
Casamentos	______________________
Dia das Mães	______________________
Dia dos Pais	______________________
Dia dos Namorados	______________________

Coluna de aconselhamento do Dr. Cérebro em Forma

Caro Dr. Cérebro em Forma,

Quando minha avó se queixou de estar apresentando problemas freqüentes de memória, uma das primeiras coisas que o médico lhe pediu foi um exame de sangue para determinar o seu nível de vitamina B12. Qual o motivo disso?

– Morgana

Cara Morgana,

Estudos científicos mostram uma correlação entre baixos níveis de vitamina B12 e o mal de Alzheimer. No caso de suspeita dessa doença, os profissionais médicos adotam um procedimento correto solicitando a verificação dos níveis de vitamina B12.

A vitamina B12 e a memória

Muitas pesquisas, incluindo um estudo de longa duração realizado pelo Dr. David Snowdon com freiras idosas, mostraram que portadores do mal de Alzheimer costumam ter níveis mais baixos de vitamina B12 do que pessoas não acometidas por essa doença.[1] Esse trabalho revelou também que indivíduos com níveis mais baixos de vitamina B12 apresentam um risco significativamente maior de contrair o mal de Alzheimer. Um estudo sueco, citado no website *Health Plus*, da Universidade Vanderbilt, testou a memória de 167 idosos sem traços de demência e depressão, mas que possuíam um risco estatístico maior de contrair o mal de Alzheimer.[2] Os participantes com níveis mais normais de vitamina B12 marcaram um número maior de pontos nos testes de memória do que os que tinham níveis mais baixos dessa vitamina. Embora não exista prova científica de que a vitamina B12 fortalece a memória, os cientistas sabem que as vitaminas B – sobretudo a B12, o ácido fólico (B9) e a B6 – são cruciais para o bom funcionamento do cérebro. Acredita-se que a ingestão de quantidades adequadas de B12 possa ajudar o cérebro a permanecer saudável e a preservar a memória durante o processo de envelhecimento. Com o avanço da idade, porém, perdemos parte da capacidade de absorver essa vitamina. O uso prolongado de antiácidos e o alcoolismo contribuem para níveis baixos de B12, cujas principais fontes são as carnes e os laticínios. Folhas verdes, lentilha e laranja são ricas em ácido fólico. A vitamina B6 é encontrada em feijões, nozes, legumes, ovos, carnes, peixes e grãos integrais. Existem alimentos enriquecidos com as vitaminas B. Algumas instituições médicas recomendam que os adultos com mais de 50 anos consumam produtos enriquecidos com B12 e tomem um suplemento dessa vitamina. Pergunte ao seu médico se essas orientações podem ser boas para você.

Capítulo oito

Lembrando onde

"Com licença, mas talvez eu esteja perdido... Pode me dar as referências do lugar para onde você está indo?"

– ANÔNIMO

Achados & perdidos

Não seria esplêndido se os neurocientistas inventassem um chip de computador que pudesse ser implantado no cérebro para fornecer informações sobre direções? Com isso, toda vez que fizéssemos uma pergunta como "Alguém viu as chaves do meu carro?" ou "Você se lembra do caminho para aquele ótimo restaurante italiano?", o chip de navegação nos forneceria dados para rastrear os objetos perdidos ou chegar ao destino. É animador pensar nisso, embora ainda se trate de pura ficção científica. Por enquanto, temos que contar com os recursos atuais para obter as referências de direção – como mapas de rua, buscas na Web e sistemas de navegação digital. Quanto a objetos colocados no lugar errado, o método antiquado continua sendo o mais confiável. É alguma coisa do tipo: "Amor, por acaso você viu meu..."

Enfrentando o desafio da desorientação

O humor é o grande antídoto para as coisas que nos preocupam. Alguns idosos costumam contar piadas para amenizar a ansiedade e o constrangimento associados a lapsos de memória. Veja a seguir uma das minhas anedotas favoritas sobre o tema.

Um idoso de aparência muito ativa está sentado num banco, chorando. É abordado por um policial, que lhe pergunta:

– Por que está chorando, senhor?

Ele responde:

– Estou tão aflito! Tenho à minha espera em casa uma esposa linda, jovem e sexy que me adora.

O policial diz:

– Isso não me parece um problema.

O homem ergue os olhos e explica:

– É que não consigo me lembrar de onde moro!

Dicas de memória para lembrar-se de onde

1. Mantenha um diário para anotar a localização de documentos importantes que você não usa com freqüência, como certidões, passaportes, testamentos e declarações de imposto de renda.
2. Escolha locais na casa que sejam fáceis de memorizar.
3. Diga em voz alta onde está guardando objetos, sobretudo se estiver com pressa ou distraído.
4. Escreva endereços importantes em fichas organizadas por ordem alfabética e guarde-as no porta-luvas do carro.
5. Mantenha um bloco e uma caneta no carro para anotar as indicações do caminho.
6. Compre uma bússola para o carro e coloque-a próxima ao pára-brisa.
7. Quando dirigir, preste atenção nos pontos de referência para se lembrar das direções com mais facilidade. Por exemplo, fique

atento para virar à esquerda na casa vermelha com venezianas brancas.

8. Evite baixar os olhos para ler as instruções do caminho enquanto dirige: grave as direções escritas num áudio. Depois é só apertar o botão de tocar.
9. Crie símbolos para representar as orientações sobre o caminho. Quando estamos dirigindo, é muito mais fácil segui-los do que ler orientações escritas.
10. Mantenha um mapa no carro. Compre-o ou imprima-o de sites da Web.
11. Associe-se a uma empresa de assistência automobilística. Você poderá recorrer a seus serviços caso se perca.
12. Todos os departamentos de polícia têm números de telefone para os quais você pode ligar se necessitar de assistência. Num aperto, o ajudarão a achar o caminho.
13. Quando visitar uma nova cidade, compre um minimapa que mostre os principais cruzamentos das vias. Preste atenção na distribuição das ruas. Em alguns centros urbanos, elas formam um padrão quadriculado.

Qual é o objetivo da ginástica para a memória?

Anotar direções e endereços talvez seja o melhor recurso de memória para *lembrar onde*. Mesmo assim, é útil poder contar com outros estímulos para o caso de não ter à mão caneta e papel. O uso das habilidades fundamentais da memória é uma garantia de que estamos exercitando o cérebro, o que fortalece os próprios mecanismos de memória desse órgão.

Vamos malhar!

Bem-vindo à estação *Lembrando onde*. Com a prática dos exercícios desta semana, você verá como as habilidades de memória e as ferramentas organizacionais podem enriquecer sua aptidão para se recordar de caminhos e encontrar objetos colocados em lugares errados.

Plano semanal de exercícios

A tabela a seguir apresenta as atividades do programa Cérebro em Forma para a estação *Lembrando onde*. Cada dia de exercícios é precedido por uma introdução, que relaciona as habilidades a serem usadas e fornece exemplos de aplicação.

Dia	Nome do exercício	Habilidades	Páginas
1	associações de direção	associação	184-186
2	ritmo & rima	verbalização	186-187
3	quadro perfeito	visualização	188-189
4	duendes & coelhos	visualização e associação	189-192
5	aliteração	verbalização e associação	192-193
6	misture & combine	visualização, verbalização e associação	194-195
7	achados & perdidos	observação ativa, visualização e verbalização	196-197

Dia 1: associações de direção

Habilidade: associação

Número de exercícios: 2

A associação com a primeira letra é uma fácil e divertida habilidade de memória para nos lembrar de um conjunto simples de direções. Junte as primeiras letras de uma seqüência de direções para formar uma palavra (*acrônimo*) ou uma frase (*acróstico*).

Exemplo 1

Flávia acabou de se mudar do interior da Bahia para o Rio de Janeiro. Circular por uma cidade tão grande quanto o Rio a deixa um pouco nervosa. Para ir do seu apartamento no Centro até o seu trabalho no Leblon, ela precisa pegar ônibus. Passa por vários bairros ao longo do caminho: Flamengo, Botafogo, Copacabana e Ipanema. Para se lembrar do trajeto com mais facilidade, usa um acróstico. Associa as primeiras letras de cada palavra, em seqüência, numa frase fácil de memorizar: Flávia Baiana Compra Iate.

Exemplo 2

Miguel pára num posto de gasolina e pede indicações de como chegar ao supermercado mais próximo. O frentista lhe diz para virar...

- à esquerda na Rua Amarantes
- à direita na Avenida Laguna
- à esquerda na Rua das Heras
- à direita na Rua Oriente (que é a do supermercado)

Como não tem papel à mão, Miguel precisa gravar imediatamente esse conjunto de direções na memória. Ele vincula a seqüência esquerda–direita a soldados marchando. Para memorizar a ordem das ruas, usa a associação com a primeira letra. Juntando as primeiras letras de cada rua (Amarantes, Laguna, Heras e Oriente), encontra um acrônimo – *alho* –, que, por acaso, o faz se lembrar de comprar esse item no supermercado.

Exemplo 3

José prefere acrônimos a acrósticos como recurso de memória. No entanto, há associações com a primeira letra que não se convertem facilmente em palavras. Em casos assim, ele procura palavras ocultas em agrupamentos de letras aleatórios. Por exemplo, caso a associação com as primeiras letras formasse o grupo FST, ele poderia ser expandido para se tornar a palavra FESTA.

Exercício 1

Imagine que amigos seus tenham combinado jantar no Britz, um novo restaurante na praia de Copacabana, na altura da Colônia de Pescadores, no Posto Seis. Você está atrasado. Enquanto sai da garagem, liga do celular para o restaurante e pede orientações para chegar lá. A recepcionista lhe diz para entrar no Corte do Cantagalo na Lagoa, seguir até a praia, virar à direita na Avenida Atlântica e chegar ao Posto Seis. Você faz uma rápida anotação das ligações essenciais de primeira letra, que são AA (Avenida Atlântica) e PS (Posto Seis).

Use a associação com a primeira letra para transformar esses dois grupos de letras em acrósticos fáceis de lembrar.

Associações com a primeira letra	**Acróstico**
AA	______________________
PS	______________________

Exercício 2

Veja a seguir uma lista de agrupamentos de letras aleatórias. Use a imaginação para ampliar essas combinações, tornando-as palavras reais. O primeiro exemplo já foi feito para você.

Letras aleatórias	**Palavras**
CHP	*Chope*
PRT	______________________
CRSTL	______________________
GRMP	______________________
PLN	______________________

Dia 2: ritmo & rima

Habilidade: verbalização

Número de exercícios: 2

Já notou como é fácil aprender as letras de cantigas infantis? Isso ocorre porque muitas das palavras dessas composições rimam. Um modo fácil de gravar endereços na memória é criar rimas simples.

Exemplo 1

A mãe de Vítor está começando a fazer menos confusão em relação a direções no trânsito. Agora, quando ele lhe dá orientações, sempre acrescenta uma rimazinha para ativar a memória dela. Há poucos dias, fez com que ela se lembrasse de entrar na Avenida Mirante para chegar à casa da amiga Flávia, no bairro Alvorada. Terminou as orientações dizendo: "Não se esqueça, mãe: Mirante é importante."

Exemplo 2

Sara precisa se lembrar de que o casamento será realizado na Capela Cristo Redentor, que fica no Parque Santa Cecília. Então, inventa esta rima simples: "O Parque Santa Cecília é onde passeio com minha família."

Exercício 1

Crie rimas para ajudá-lo a memorizar as direções e os endereços listados a seguir. A palavra que precisa ser rimada está sublinhada. A primeira rima já foi feita para você.

Direção	**Rima**
1. *Vire na saída indicando Vale do Amanhecer.*	*Se o Vale do Amanhecer eu esquecer, vou me perder.*
2. Vamos nos encontrar na livraria da Avenida Passos.	______________________
3. A academia é no fim da Rua Leonardo Dantas.	______________________
4. A clínica veterinária fica na Alameda Itália.	______________________
5. O Tribunal de Justiça é ao lado da Biblioteca Estadual.	______________________
6. O depósito de móveis fica na Rodovia Estrela.	______________________

Exercício 2

Faça rimas simples para os endereços de seis amigos ou parentes seus. Elas devem ajudar um visitante a memorizar o nome das ruas

Nome da rua	**Rima**
1. ______________________	______________________
2. ______________________	______________________
3. ______________________	______________________
4. ______________________	______________________
5. ______________________	______________________

Dia 3: quadro perfeito

Habilidade: visualização
Número de exercícios: 2

Já notou quantos nomes de ruas e edifícios contêm imagens implícitas? Você pode transformar essas imagens que ativam a memória em figuras ou histórias pitorescas ou amalucadas.

- Procure imagens implícitas na informação sobre endereços.
- Converta os números dos endereços em imagens visuais concretas (veja o capítulo seis).
- Junte as imagens para formar uma figura ou história pitoresca.

Exemplo 1

Zacarias vai deixar seu cachorro num canil na esquina das ruas Rainha Vitória e Montana. Fazer uma associação com Rainha Vitória é fácil. Ele imagina o cão com uma coroa na cabeça correndo para o canil. Montana lembra banana. Ele visualiza o animal escorregando numa casca de banana e deslizando para a porta aberta do canil.

Exemplo 2

O depósito de autopeças do seu novo cliente fica na Avenida Carapaú. Para se lembrar do endereço, você divide o nome da avenida em duas partes e imagina seu cliente usando uma máscara de madeira (cara-pau).

Exercício 1

Procure imagens implícitas nos nomes das localidades e instituições listadas a seguir. Junte as imagens numa figura ou frase simples.

Nome	Figura ou frase
1. *Estação Cantagalo*	*Uma estação de metrô onde galos cantam sem parar.*
2. Catanduvas	________________
3. Túnel Dois Irmãos	________________
4. Aeroporto de Viracopos	________________
5. Instituto Butantã	________________
6. Porto Alegre	________________

Exercício 2

Use o código de associação de imagens a seguir para ajudá-lo a converter os endereços de rua em figuras ou histórias pitorescas. O primeiro exemplo já foi feito para você.

Número	Imagem
0	Ovo
1	Vela
2	Cisne
3	Onda do mar
4	Barco a vela
5	Mergulhador
6	Cascavel
7	Trampolim
8	Boneco de neve
9	Balão de gás numa corda
10	Bastão e bola

Endereços	Figura/Frase
Rua Floresta, 16	*Uma **vela** (1) provoca incêndio na floresta e causa a morte da **cascavel** (6).*
Avenida Oceânica, 7	______________________________
Alameda das Flores, 10	______________________________
Ladeira Veneza, 7	______________________________
Rodovia do Sol, 35	______________________________

Dia 4: duendes & coelhos

Habilidades: visualização e associação

Número de exercícios: 2

Você já recebeu uma seqüência rápida de indicações para virar à direita e à esquerda da qual tivesse de se lembrar? Quem não lida com isso com freqüência tem uma grande chance de se confundir. Para memorizar esses sinais de direção com mais facilidade, procure substituir as palavras *esquerda* e *direita* por imagens concretas.

Virar à *esquerda* = *duende*
Virar à *direita* = *coelho*

Incorpore as imagens de virar à esquerda e à direita numa história ou figura amalucada.

Exemplo 1

O guarda de trânsito diz a Fátima: "Siga dois blocos e pegue a primeira à direita." Para ativar a memória, ela visualiza dois tijolos sobrepostos (associação com os blocos) e depois um *coelho* (virar à direita) vestido de guarda de trânsito sentado em cima deles.

Exemplo 2

O frentista do posto de gasolina diz a Jonas para virar à direita depois dos trilhos do trem e seguir as placas para a Avenida Brasil. Jonas cria duas rápidas imagens para gravar as orientações na memória. A primeira é um coelho (virar à direita) vestido de condutor de trem. A segunda é uma bandeira brasileira (Avenida Brasil) estendida nos trilhos.

Exemplo 3

O recepcionista do hotel dá a Ricardo as instruções para chegar ao banco mais próximo. Ele lhe diz para sair do hotel, virar à esquerda e, no primeiro cruzamento, entrar à direita. Estas são as imagens criadas por Ricardo: um duende com o uniforme de recepcionista do lado de fora do hotel e um coelho controlando o tráfego no cruzamento.

Exercício I

Transforme os grupos de direções em figuras ou histórias pitorescas. Estabeleça uma associação fixa de imagens para as palavras esquerda e direita (por exemplo, virar à esquerda = duende; virar à direita = coelho). Substitua outros sinais indicativos de direção por imagens fixas (bloco = tijolo; sinal de trânsito = lâmpada). Faça uma breve descrição das suas figuras ou histórias depois de cada texto.

1. Vire à esquerda na Farmácia Fonte Natural, siga até o próximo sinal de trânsito e entre à direita na Rua das Acácias.

   ____

2. Siga pelo viaduto, vire na segunda entrada para Miraflores e entre à esquerda.

3. Acompanhe o rio Fluminense até encontrar uma bifurcação na estrada. Ali, vire à direita e siga até a área do acampamento.

4. Salte na esquina da Rua Europa com a Avenida General César, atravesse no sinal e ande um quarteirão até chegar à Rua Lagoa Dourada. Vire à esquerda e estará diante da delegacia.

Exercício 2

Escolha um dos grupos de instruções apresentados no exercício anterior. Agora, em vez de fazer as associações usando palavras, crie uma tira de quadrinhos para representar as imagens. Desenhar é uma atividade do hemisfério direito do cérebro. Formular frases é uma atividade do hemisfério esquerdo.

Dia 5: aliteração

Habilidades: verbalização e associação
Número de exercícios: 1

Outra maneira de memorizar endereços que envolvem seqüências esquerda–direita é usar palavras que começam com a letra *E* para substituir "virar à esquerda" e palavras iniciadas por *D* para "virar à direita". As letras *E* e *D* podem ser unidas para formar frases divertidas e fáceis de lembrar. Elas irão explorar o poder de memorização proporcionado pelas aliterações.

Exemplo 1

Rosa pergunta ao atendente do estacionamento o caminho para a estrada. Ele responde com uma abrupta seqüência de indicações: "À esquerda na saída do estacionamento, à esquerda no sinal. A primeira à direita é a entrada para a estrada." Como há uma fila de carros atrás dela, Rosa não pede ao atendente que repita as orientações. Em vez disso, transforma a seqüência esquerda–esquerda–direita numa frase simples: "Emília está dormindo."

Exemplo 2

Cíntia chega tarde da noite ao aeroporto e aluga um carro. Ao deixar o estacionamento da locadora, ela nota que o tanque de gasolina não está cheio. Sem saber a distância exata que precisa percorrer até o hotel, decide abastecer primeiro e, depois, notificar a empresa. Antes de sair, ela pergunta ao atendente indicações para o posto de gasolina mais próximo. Ele responde: "Pegue a direita na saída do estacionamento. No primeiro sinal de trânsito, vire à esquerda para a Rua do Comércio. O posto de gasolina fica a um quarteirão dali, à esquerda." Cíntia assimila a fácil seqüência – direita, esquerda, esquerda – e forma rapidamente a frase de memorização: "Daniel estuda espanhol."

Exercício 1

A seguir, uma seqüência de sinais de direção. Observe com que rapidez você consegue transformar cada um desses grupos em frases simples. Use palavras que comecem com a letra *E* para "virar à esquerda" e palavras iniciadas com a letra *D* para "virar à direita". Desafie um amigo. Veja quem é mais rápido na conversão dos sinais em frases.

Sinais	**Frases**
Esquerda, direita, esquerda, direita	______________
Esquerda, esquerda, direita, direita	______________
Direita, esquerda, direita, esquerda	______________
Direita, direita, esquerda, esquerda	______________
Direita, esquerda, esquerda, direita	______________
Esquerda, direita, direita, esquerda	______________
Esquerda, direita, esquerda, esquerda	______________
Direita, esquerda, direita, direita	______________

Dia 6: misture & combine

Habilidades: visualização, verbalização e associação

Número de exercícios: 1

À medida que você for intensificando o uso das habilidades de memória, passará a misturá-las e combiná-las naturalmente sem nem sequer perceber. Nos exercícios a seguir, terá que mesclar as habilidades de memória para se lembrar de lugares importantes.

Exemplo 1

Tânia precisa se lembrar de que parou o carro na quadra Sul, ala B, fila 12 do estacionamento do shopping center. Primeiro, ela cria uma abreviação da informação do local – SB12. Depois substitui as letras e os números por palavras e imagens. Da esquerda para a direita, as palavras de substituição são *Sol (S), Brilhante (B)* ao *Meio-dia* (12).

Exemplo 2

João tem que memorizar a placa do carro alugado para localizá-lo na manhã do dia seguinte no estacionamento do hotel. Os caracteres da placa são MEU 2233. Primeiro, ele amplia MEU para MEUS. Depois, transforma os números nas imagens com que se parecem (veja o código de associação de imagens na página 189). Vê dois cisnes (22) nadando em duas ondas do mar (33). A frase que imagina para substituir os caracteres da placa é: *Meus dois cisnes em duas ondas do mar.*

Exercício 1

Misture e combine as habilidades de memória fundamentais para ajudá-lo a memorizar as localizações listadas a seguir. Aplique suas técnicas preferidas para lembrar onde. As informações-chave estão sublinhadas.

1. O consultório do seu médico fica no corredor B, ao lado do bebedouro.

____

____

2. Você estacionou o carro no ala Norte, fila F9.

3. O quarto do seu amigo neste hospital é o 24A, na ala Azul.

4. O departamento infantil fica no piso 3, junto aos artigos esportivos.

5. Você escondeu o presente de aniversário no armário embaixo da pia.

6. A conferência está sendo realizada na sala C, ao lado da sala de imprensa.

7. As bodas são no Salão Paraíso, no mezanino.

8. Sua avó acabou de se mudar para o Lar Vida Feliz, na Rua das Amendoeiras, em Montes Claros.

9. A reunião é no outro lado da cidade, no Hotel Quatro Estações.

Dia 7: achados & perdidos

Habilidades: observação ativa, visualização e verbalização
Número de exercícios: 1

Quando se trata de lembrar onde, nada é mais significativo do que tentar localizar algo que nós mesmos guardamos no lugar errado. Qual é a solução para isso? O Dr. Samuel Johnson disse: "A verdadeira arte da memória é a arte da atenção." Colocamos coisas em locais inapropriados não porque nosso cérebro está envelhecendo, mas porque não prestamos atenção no que estamos fazendo. Não prestamos atenção porque estamos apressados, distraídos ou realizando múltiplas tarefas. Como dar um basta a esse fenômeno frustrante que só nos faz perder tempo? A resposta é simples: fique atento e se organize.

- Use os cinco sentidos para prestar atenção no lugar onde você coloca objetos importantes. (*Veja-se* deixando as chaves no balcão. *Ouça* o barulho quando elas batem na superfície.)
- Faça uma foto mental de si mesmo no ato de guardar as coisas.
- Diga a si mesmo e aos outros, em voz alta, onde está colocando os objetos.
- Aplique a regra de ouro da organização: "Um lugar para cada coisa e cada coisa em seu lugar."

Exemplo 1

Bruno vive esquecendo a chave do carro no armário do vestiário do clube onde joga tênis. Muitas vezes, ele chega ao automóvel após uma partida e percebe que está sem ela. Quando volta à sede do clube, quase sempre o vestiário já está fechado. Assim, Bruno tem que pedir ao zelador que o abra para que possa pegar a chave. Na última vez em que isso aconteceu, ouviu funcionários apostando quando ele voltaria novamente para apanhá-la. Agora, quando guarda a chave, Bruno pára e se concentra. Cria uma imagem mental de si mesmo fazendo isso. Depois diz ao parceiro: "Por favor, me lembre de que deixei a chave no armário." Para estimular mais a memória, ele desenha uma chave no bloco em que são anotados os pontos da partida. Assim, lembrar-se dela passa a ser automático.

Exemplo 2

Carla é divorciada e trabalha fora. Divide o carro com os três filhos adolescentes. Todos na família estão sempre saindo apressados para algum lugar: trabalho, treino de basquete, tarefas após a escola. A chave do carro vive sendo colocada em lugares errados. Quando ela some, o jogo da culpa começa, com todos apontando o dedo uns para os outros. Carla decide solucionar o problema. Prende um gancho de metal na parede ao lado da porta da garagem. A chave deve ser sempre pendurada ali. Quem se esquece de colocá-la no gancho é obrigado a contribuir com R$5,00 para um bolão. No fim do mês, a grana vai para a pessoa com o melhor recorde por não se esquecer de guardar a chave no lugar certo.

Exercício 1

Um método para reduzir o número de vezes em que você perde coisas é estabelecer um local, ou uma "base", na casa para cada objeto que costuma deixar no lugar errado. Caso um item seja usado tanto dentro quanto fora da residência, é apropriado criar para ele uma base interna e outra externa. Se a casa tem dois andares e o objeto é utilizado em ambos, o ideal é escolher uma base em cada pavimento. Procure evitar opções como bolsos de camisa – as coisas podem cair dali com facilidade ou ser postas para lavar junto com a roupa.

Escolha uma base na casa para cada um dos itens relacionados a seguir. Complemente a lista com mais três ou cinco objetos que você vive perdendo e estabeleça bases para eles também. Na semana seguinte, use religiosamente esses locais. Faça um registro de quantas vezes você deixou essas coisas no lugar errado. Continue repetindo o processo até que a contagem numa semana seja zero.

Itens	**Base na casa**
Chave do carro	*Gancho ou aparador próximo à porta social.*
Carteira ou bolsa	______
Óculos	______
Telefone celular	______
______	______
______	______
______	______
______	______
______	______

Coluna de aconselhamento do Dr. Cérebro em Forma

Caro Dr. Cérebro em Forma,

Tenho uma amiga muito espiritualizada que acredita que a meditação altera a mente intensificando o estado de consciência. Existe alguma prova científica disso?

– Luciano

Caro Luciano,

Os cientistas sabem que estímulos externos, como jogos de baralho, podem promover mudanças cerebrais saudáveis. Eles já estão pesquisando também de que maneira estímulos mentais como a meditação são capazes de reestruturar o cérebro de forma positiva.

Meditação e mudanças cerebrais

O termo científico para a habilidade que o cérebro tem de mudar sua estrutura e função é *neuroplasticidade*. Essa dinâmica habilidade pode ser observada com o emprego de tecnologia de imagem altamente avançada. Vemos que, quando o cérebro está envolvido e estimulado, conectores neurais, chamados dendritos, se expandem e se fortalecem. De modo inverso, se usados apenas raramente, eles se encolhem e se enfraquecem. Até pouco tempo atrás, a neurociência só examinava as mudanças ocorridas no cérebro que fossem em resposta a estímulos externos. Recentemente, porém, o neurocientista Richard Davidson, da Universidade de Wisconsin em Madison, realizou um estudo com monges budistas em Dharamsala, na Índia, para verificar se o cérebro pode apresentar alterações em resposta somente a sinais mentais puramente internos. Os resultados da pesquisa foram sintetizados por Sharon Begley na edição de novembro de 2004 do *Science Journal*.[1]

De acordo com as observações iniciais, a meditação intensa e por longo tempo altera o cérebro. No estudo feito pelo Dr. Davidson, monges experientes, que haviam passado mais de 10 mil horas meditando sobre compaixão, mostraram um significativo aumento numa atividade cerebral de alta freqüência chamada ondas gama. Monges noviços exibiram apenas uma pequena intensificação dessa atividade, o que sugere que o cérebro dos monges experientes foi alterado pelos anos de meditação. Além disso, a atividade no córtex pré-frontal esquerdo (local das emoções positivas) excedia em muito a do córtex pré-frontal direito (local das emoções negativas e da ansiedade). Em seu artigo no *Science Journal*, Sharon Begley conclui que esse estudo "...descortina a incrível possibilidade de que o cérebro, como o resto do corpo, seja mudado intencionalmente. Assim como a aeróbica esculpe os músculos, o treinamento mental esculpe a matéria cinzenta de um modo que os cientistas estão apenas começando a compreender".

Capítulo nove

Desafios de agilidade mental para o lado esquerdo do cérebro

"Pense no cérebro como um trabalho em andamento que se inicia no seu nascimento e continua até o dia da sua morte. A todo momento, você o modifica com suas atividades e seus pensamentos."

– Dr. Richard Restak, M.D.,
Mozart's Brain and the Fighter Pilot

As habilidades cognitivas e o envelhecimento

A cognição refere-se aos processos mentais mais elevados de perceber, lembrar e pensar. Uma das melhores maneiras de avaliar a mudança cognitiva decorrente do envelhecimento é por meio de estudos longitudinais, como o *Development Influences on Adult Intelligence: The Seattle Longitudinal Study*[1] (As influências do desenvolvimento na inteligência do adulto: o estudo longitudinal de Seattle), de K. Warner Schaie. Nesse programa, iniciado em 1956, membros de um grupo de 5 mil indivíduos vêm sendo estudados ao longo de toda a sua vida para detecção de mudanças nas habilidades cognitivas. Eles são testados a cada sete anos nas seguintes áreas: significado verbal (reconhecimento e compreensão de palavras), habilidade espacial (capacidade de girar mentalmente objetos no espaço), raciocínio (identificação de padrões regulares e regras), talentos numéricos (computação aritmética) e fluência verbal (lembrança de palavras que se classificam em categorias, como nomes de pássaros).

O Dr. Schaie revelou que as avaliações não apontaram perdas nas habilidades cognitivas até os 60 anos de idade e que, aos 74 anos, observou-se apenas um pequeno declínio. Surpreendentemente, a maioria dos indivíduos com 81 anos ainda apresentava habilidades mentais fortes. Menos de 50% dos participantes desse estudo mostraram perdas em comparação ao período anterior de testes. O Dr. Schaie também examinou a possibilidade de se reverter a deterioração cognitiva decorrente do envelhecimento por meio da aplicação de um programa "educacional". Ele constatou que 2/3 dos participantes de um programa desse tipo, que incluía sessões esporádicas de estímulos, apresentaram melhora significativa e que 40% deles retornaram aos níveis de desempenho cognitivos anteriores ao declínio, e esses efeitos positivos se mantiveram por mais sete anos.

Mudanças na agilidade mental

A agilidade mental, um subconjunto de habilidades cognitivas, é a mais afetada pelo processo normal de envelhecimento. Mudanças nessa área manifestam-se em relação à capacidade de:

- Entender e solucionar imediatamente os problemas.
- Registrar várias informações na memória de curto prazo ao mesmo tempo.
- Mudar rapidamente de um contexto para outro.
- Lembrar-se depressa de nomes, eventos e fatos.
- Ver logo o sentido geral sem precisar avançar com dificuldade por todos os detalhes.
- Reagir rápido.

Um denominador comum nessa lista é a habilidade de processar rapidamente a informação. O déficit mental mais freqüente e "normal" quando envelhecemos é a diminuição da velocidade com que processamos a informação. Isso não significa que perdemos as habilidades cognitivas com o tempo, apenas custamos mais a colocar as engrenagens em funcionamento.

A boa notícia é que o cérebro é um órgão dinâmico, com grande capacidade de se adaptar, se renovar e realizar compensações diante do envelhecimento mental normal. Os neurônios respondem à estimulação mental e a um ambiente intelectualmente enriquecido de um modo que parece moderar e, em muitos casos, superar as mudanças físicas associadas ao envelhecimento do cérebro. "Use-o ou perca-o" parece ser a palavra de ordem quando se trata de preservar e estimular a agilidade mental. Para utilizar plenamente o cérebro, dedique-se a exercícios e atividades mentais que estimulem esse órgão como um todo.

Treine o cérebro de forma multifuncional

O que caracteriza um programa de agilidade mental eficiente? Se você se exercitar sob a orientação de um professor de Educação Física ou participar de treinamentos de circuitos, seu programa de condicionamento físico envolverá atividades alternadas. Você mesclará exercícios aeróbicos, que aceleram os batimentos cardíacos e promovem a saúde cardiovascular (pense na esteira e na bicicleta ergométrica), com um programa de treinamento de força para criar massa muscular (pense em halteres e aparelhos de musculação). Por ter dois hemisférios, o cérebro é capaz de se adaptar naturalmente à "ginástica cerebral" alternada. Os melhores programas de agilidade mental terão como alvo seus lados esquerdo e direito. Acredita-se que os dois hemisférios são responsáveis por modos diferentes de pensar. Os programas de exercícios dirigidos a formas múltiplas de pensar são mais enriquecedores e estimulantes do que os que se concentram em um único tipo de pensamento. Segundo o Dr. Richard Restak, "o cérebro funciona com mais eficiência quando áreas diferentes (...) são ativadas simultaneamente. Envolver-se em duas atividades comandadas pelo mesmo hemisfério cerebral, como ler e ouvir o noticiário, é quase impossível. Mas ler e ouvir música clássica é uma boa combinação". [2]

A tabela a seguir sintetiza os diferentes modos de pensar dos hemisférios esquerdo e direito do cérebro.

Processos de pensamento do hemisfério esquerdo do cérebro	**Processos de pensamento do hemisfério direito do cérebro**
Lógico	Holístico
Analítico	Intuitivo
Quantitativo	Sintetizador
Planejado/estruturado	Fluido/espontâneo
Baseado em fatos	Baseado em sentimentos
Processamento seqüencial	Processamento simultâneo
Verbal	Visual-espacial

Dicas para estimular o lado esquerdo do cérebro

1. Brinque com jogos que envolvam palavras.
2. Alterne o gênero das suas leituras (por exemplo, poesia, romances, não-ficção, policial, memórias, ficção científica, peças teatrais).
3. Aprenda ou reaprenda uma língua estrangeira.
4. Escreva suas memórias.
5. Mantenha um diário em suas viagens de férias.
6. Planeje e organize férias de sonho incluindo todos os detalhes.
7. Faça os quebra-cabeças verbais dos jornais.
8. Faça palavras cruzadas. Se for iniciante, compre as revistas de nível fácil, que trazem as respostas no fim.
9. Escolha uma matéria do noticiário que lhe interesse. Junte todos os fatos que puder sobre a questão lendo ou vendo TV. Registre os tópicos pertinentes em fichas alfabéticas. Depois analise as informações e tire sua própria conclusão.
10. Dispute jogos de baralho como biriba, canastra e pôquer.
11. Participe de jogos que envolvam estratégia e lógica, como xadrez.
12. Pesquise um tópico interessante ou controvertido na internet.
13. Aprenda um novo programa de computador.
14. Procure jogos divertidos para o lado esquerdo do cérebro em bibliotecas, livrarias ou lojas de brinquedos.

15. Invente seus próprios jogos de palavras para desafiar os amigos. Use os modelos apresentados neste capítulo para elaborar esses passatempos.

Qual é o objetivo da ginástica para a memória?

O programa de exercícios desta semana vai se concentrar em atividades divertidas para o hemisfério esquerdo do cérebro associadas ao raciocínio verbal e à lógica. O treinamento da semana seguinte será concentrado em atividades associadas a padrões visuais-espaciais e à lógica. Durante as próximas duas semanas, você se submeterá a um treinamento alternado para obter o máximo da boa forma nos dois hemisférios cerebrais.

Vamos malhar!

Prepare-se para dar início ao treinamento alternado do cérebro. Antes de começar sua ginástica aeróbica mental, esteja atento a alguns pontos importantes. Em primeiro lugar, talvez você se sinta um pouco cansado após a realização de um exercício. Isso ocorre porque a atividade mental, assim como a atividade física, exige energia. Quando você se exercita mentalmente, as células cerebrais começam a se comunicar entre si, e isso aumenta o fluxo sangüíneo para o cérebro e, conseqüentemente, a quantidade de oxigênio e glicose transportada por ele. Em segundo lugar, para evitar a frustração, comece devagar e dentro do seu próprio ritmo. Você não levantaria um haltere de 25kg de repente – teria erguido progressivamente cargas mais pesadas até se condicionar. Não se sinta obrigado a completar todos os exercícios de determinado dia. Se estiver se sentindo cansado ou ansioso, tire uma folga. Caso esteja bem, vá em frente. Em terceiro lugar, a meta de um programa de agilidade mental é encontrar meios interessantes e variados de brincar com o cérebro, e não deixá-lo tenso. Estimular esse órgão e divertir-se são coisas perfeitamente compatíveis.

Plano semanal de exercícios

O treinamento de agilidade mental desta semana apresenta um bom número de exercícios. Assim, talvez seja necessário reservar mais do que 10 minutos para as seções. A cada dia, tente realizar os diferentes tipos de atividades, mas não se sinta forçado a terminar todos os tópicos. Considere a possibilidade de ir fazendo os exercícios ao longo do dia em vez de concluí-los de uma só vez. Por exemplo, talvez você prefira reservar 10 minutos de manhã e 10 minutos à tarde para se dedicar ao programa. As soluções dos exercícios da semana estão no fim deste capítulo.

Dia	Nome do exercício	Habilidade	Páginas
1	homônimos homófonos & sinônimos	cérebro esquerdo	205-208
2	palavras embaralhadas	cérebro esquerdo	209-211
3	caça-palavras	cérebro esquerdo	211-212
4	coisas em comum	cérebro esquerdo	213-217
5	complementação de seqüências	cérebro esquerdo	218-219
6	enigmas verbais	cérebro esquerdo	219-221
7	alvo diabólico	cérebro esquerdo	222

Dia 1: homônimos homófonos & sinônimos

Habilidade: cérebro esquerdo

Número de exercícios: 2

Hoje você vai se dedicar a dois exercícios de agilidade verbal. No primeiro, terá que encontrar pares de homônimos homófonos. No segundo, precisará descobrir pares de sinônimos. Antes de começar, leia as definições de homônimos homófonos e sinônimos e examine os exemplos.

Definição de homônimos homófonos

Os homônimos homófonos são divertidos, não importa onde surjam, se em charadas (a princesa apertou o passo enquanto deixava o paço) ou em quebra-cabeças. Para se classificarem nessa categoria, duas palavras precisam ter a pronúncia exata ou quase igual, mas sentido e escrita diferentes. Por essa regra, *passo* e *paço* são homófonos, no entanto *fluir* e *fruir* não são. Nos exemplos a seguir, a idéia é encontrar as duas palavras que faltam para formar uma frase com sentido. Ambas são homófonas.

Exemplo 1

Frase: Roberto só vai ao _______ depois que terminar o ______ do carro.

Resposta: *concerto* e *conserto*

Exemplo 2

Frase: O _____ não gostou do ____ gelado que lhe serviram.

Resposta: *xá* e *chá*

Definição de sinônimos

Os sinônimos são palavras que têm o mesmo ou quase o mesmo significado. Por exemplo, *rocha* e *rochedo* são sinônimos. *Rocha* e *massa sólida* não são.

Exemplo 1

Qual das palavras a seguir não é um sinônimo das demais?

exausto, fatigado, extenuado, esgotado, descansado

Resposta: *descansado*

Exercício 1: homônimos homófonos

Agora você deverá encontrar os pares de homônimos homófonos que dão sentido às seguintes frases.

1. Depois da enchente, ______ moradores ficaram _____ suas casas.
2. Ana se levantou do ______ e foi corrigir o ______ da palavra no quadro.
3. Prenda a ______ elástica e ______como isso alivia a dor.
4. A ______ cresceu no casarão que ______ dos nossos avós.
5. Ana é prendada. Sabe ______ deliciosos quitutes e ______ lindas roupas.
6. Ele disse que o cabelo do _______ era ______.
7. Além de ter sempre a ______cheia, Sheila não ______ potes de caviar.
8. Antes de ir à _____ de cinema, ele passou na _____ de doces do supermercado.
9. Esse cantor não só é um homem ____ como canta ____.
10. Quando os meninos ______ as buchas, os balões ______ao céu até desaparecer de vista.
11. Aquela será a ____ do palco em que Helena cantará a ____.
12. Ela terá que _____ a falta de nos _____ por trás das portas.
13. A _____ do capítulo 1 esclarece o leitor sobre a ______ do frade.
14. Na ______ onde tombou o caminhão de frutas, foi necessária a ______ da polícia rodoviária para impedir a pilhagem.
15. O policial retirou a _____ das mãos do cavaleiro antes de conduzi-lo à ____.
16. Gosto muito de comer _____, mas não suporto tomar ________.
17. Ele usou uma ______ para prender o recibo de pagamento da ______ no mural.
18. Ele sempre ____ a filha na parte de _____ do carro.
19. No seu aniversário na última _______, Lúcia recebeu uma linda _____ de flores do namorado.
20. A moça não quis parar na loja para ________ a bolsa, pois precisava se ______ para a aula.
21. _____ minha filha chega na _____ para jantar, ____ se atrasa.
22. As crianças _______ os olhos quando os homens __________ as árvores.

Exercício 2: sinônimos

Faça um círculo em torno da palavra de cada grupo que não é sinônimo das outras.

1. árido
   estéril
   vazio
   infértil
   infecundo

2. bondoso
   benevolente
   caridoso
   compassivo
   educado

3. criativo
   fantasioso
   imaginativo
   arrebatador
   inventivo

4. glacial
   inverno
   gélido
   gelado
   congelante

5. desordeiro
   conversador
   falante
   expansivo
   comunicativo

6. repulsa
   aversão
   asco
   desagrado
   repugnância

7. astuto
   perspicaz
   sagaz
   gentil
   esperto

8. deslumbrante
   esplêndido
   estupendo
   fascinante
   alarmante

9. furioso
   inesperado
   súbito
   imprevisto
   intempestivo

10. hesitar
    titubear
    recear
    cogitar
    vacilar

Dia 2: palavras embaralhadas

Habilidade: cérebro esquerdo
Número de exercícios: 2

Muitas charadas verbais envolvem desenredar palavras embaralhadas. As letras podem ser combinadas de várias formas. Nos exercícios de hoje, as misturas com que você irá trabalhar serão circulares e por categoria. Essas atividades vão testar suas habilidades verbais e visuais-espaciais.

Exemplo 1: misturas circulares

Em português, as palavras são lidas da esquerda para a direita. Sabemos onde fica a primeira letra e que direção devemos seguir para realizar a leitura. Mas, quando dispostas no formato circular, as palavras se tornam mais ardilosas. A primeira letra pode estar em qualquer ponto no círculo e não sabemos se a leitura deve ser feita no sentido horário ou anti-horário. No exemplo a seguir, encontre a palavra oculta.

E

C L

N P

I

Solução: começando pela letra P e seguindo no sentido horário, você verá a palavra *pincel.*

Exemplo 2: misturas por categoria

Nesse tipo de mistura, você precisa encontrar a palavra que não pertence à mesma categoria que as outras. A categoria fornece a pista para identificar as palavras. Quanto mais você conhecer determinado tipo de categoria, mais fácil será se lembrar dela e desenredar as palavras. Veja o exemplo a seguir.

Desembaralhe as letras para encontrar a palavra que não se encaixa na categoria *árvore.*

a. rasglueio
b. damenoeiar

c. cbaípoa
d. ndajacará
e. bocoran

Resposta: a. salgueiro (árvore); b. amendoeira (árvore); c. copaíba (árvore); d. jacarandá (árvore); e. *carbono* (elemento químico).

Exercício 1: misturas circulares

Aguce sua visão e tente descobrir as palavras ocultas nos círculos. A primeira letra pode estar em qualquer ponto do círculo.

1.
J
E A
V I
N

Resposta:

2.
A
L V
O A
C

Resposta:

3.
C
I A
N M
E

Resposta:

4.
O
F C
R S
A

Resposta:

5.
A
H A
L B
E

Resposta:

6.
E
P T
A E
C

Resposta:

7.
A
T F
U L
A

Resposta:

8.
P
A L
S E
T

Resposta:

9.
C
R A
O T
S

Resposta:

10.
B
A A
G I
O

Resposta:

11.
E
C N
A O
S

Resposta:

12.
S
O O
Z L
E

Resposta:

Exercício 2: misturas por categoria

Desembaralhe as letras para encontrar a palavra que não se inclui na categoria e faça um círculo em torno dela.

1. Raças de cães
   a. tadamal
   b. ifal
   c. portas
   d. voplo
   e. raldobar

2. Tipos de flores
   a. armadagir
   b. pagul
   c. tulpai
   d. varco
   e. valoeti

3. Tipos de aves
   a. pobom
   b. zartuves
   c. apiagapo
   d. carbo
   e. handronia

4. Nomes de oceanos
   a. titanocla
   b. cinido
   c. ritaco
   d. tescola
   e. copifica

5. Idiomas
   a. taneco
   b. ligens
   c. otinalia
   d. sichen
   e. salhopen

Dia 3: caça-palavras

Habilidade: cérebro esquerdo
Número de exercícios: 2

Exercício 1

Para resolver o quebra-cabeça a seguir, comece com a primeira pista, que leva a uma palavra de quatro letras. Usando a pista, redistribua as letras para completar a segunda fileira. Continue o processo até preencher as quatro fileiras.

O maior invento de todos os tempos

Arma com haste de madeira e ponta de ferro arremessada horizontalmente (+ D)

Série ou ciclo de partidas de um campeonato (+ A)

Cor da medalha dos campeões olímpicos (+ U)

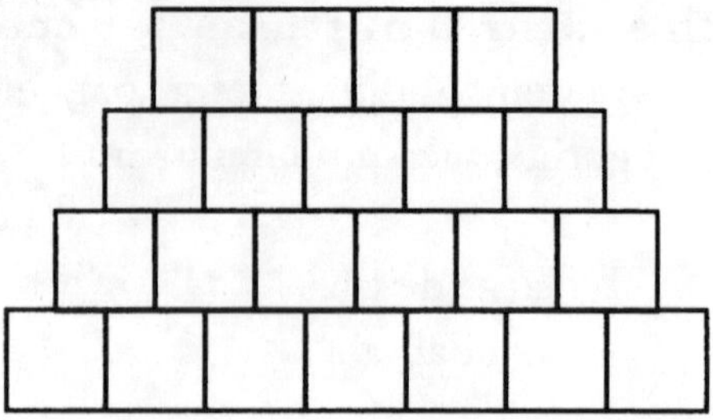

Exercício 2

Os nomes de 29 aves podem ser encontrados verticalmente, horizontalmente e diagonalmente na grade das letras. Usando as letras das palavras identificadas, você descobrirá, na vertical, mais dois nomes de aves que não estão na lista. Quais são eles? Escreva sua resposta.

A N M L G S B G H R O G M
S G S B C O R U J A G G S
S A H L A N D O R I N H A
N V P I N G U I M I I I T
C I N P A T O D S A M H A
E Ã C A R D E A L L A J N
G O G C I S N E L B L A A
O A R P O M B O O A F Ç S
N J A I A N D S N T D A M
H A L L T G N S A R I N N
A M H N H A A S J O J Ã S
M E A A G B D N H Z D D C
C L P I N T A S S I L G O
O R A R A R A S R T S L N
D O L G G A I V O T A I D
O L R O U X I N O L A G O
R P E R I Q U I T O G O R
N A P P A V Ã O N I V D R
A B H E N B T I A R S F T
H U J L R M H T O I R A A
D T S A R U R C B A H L I
A R A P E L I C A N O C D
S E S H S H B B L G B Ã T
J M E R G U L H Ã O A O A

ABUTRE	GAVIÃO
ALBATROZ	GRALHA
ANDORINHA	JAÇANÃ
ARARA	MELRO
CARDEAL	MERGULHÃO
CEGONHA	PATO
CISNE	PAVÃO
CODORNA	PELICANO
CONDOR	PERIQUITO
CORUJA	PERU
CORVO	PINGÜIM
FALCÃO	PINTASSILGO
FLAMINGO	POMBO
GAIVOTA	ROUXINOL
GANSO	

Dia 4: coisas em comum

Habilidade: cérebro esquerdo
Número de exercícios: 3

Hoje, sua ginástica de agilidade mental inclui três exercícios diferentes, mas a meta em cada um deles será a mesma: determinar o que as palavras têm *em comum*. Os exemplos a seguir são apenas para o *exercício 1*.

Exemplo 1

Neste exemplo são apresentadas duas colunas de listas. Sua meta é encontrar o que todas as palavras na coluna A têm em comum e que também as torna diferentes dos itens da coluna B.

Coluna A	**Coluna B**
Belo Horizonte	Manaus
João Pessoa	Florianópolis
Porto Alegre	Macapá
Campo Grande	Ilhéus
São Paulo	Aracaju

Resposta: Os nomes próprios da coluna A são compostos por duas palavras.

Exemplo 2

Coluna A	**Coluna B**
Pão de Açúcar	Parque do Ibirapuera
Maracanã	Igreja do Bonfim
Cristo Redentor	Teatro Amazonas
Praia de Copacabana	Palácio da Alvorada
Floresta da Tijuca	Museu da Inconfidência

Resposta: Os itens na coluna A são atrações turísticas do Rio de Janeiro.

Exemplo 3

Coluna A	**Coluna B**
Capa	Cantou
Tempo	Hora

Sapo	Bom dia
Carpa	Rosa
Amapá	Recife

Resposta: Em todas as palavras da coluna A, o P é a penúltima letra.

Exercício I

Encontre o que todos os itens na coluna A têm em comum e que também os torna diferentes das palavras da coluna B.

1. Coluna A	**Coluna B**
Corredor	Cisne
Bancada	Felicidade
Instituto	Bela
Saboroso	Ontem
Dualidade	Almoço

Resposta:

2. Coluna A	**Coluna B**
Veloz	Somente
Triste	Carro
Lenta	Apressado
Alegre	Lhe
Sutil	Xarope

Resposta:

3. Coluna A	**Coluna B**
Claudia	Paula
Veja	Sábado
Época	Mim
Nova	Hoje
Exame	Sozinho

Resposta:

4. Coluna A	**Coluna B**
Teresina	Ribeirão Preto
Vitória	Ridículo

Fortaleza	Piauí
Curitiba	Atrás
Goiânia	Caminhão

Resposta:

5. Coluna A	Coluna B
13	8
19	18
23	21
31	25
37	32

Resposta:

6. Coluna A	Coluna B
Cigarra	Gaivota
Louva-a-deus	Depois
Besouro	Chegou
Mosca	Dente
Abelha	Cantar

Resposta:

7. Coluna A	Coluna B
Momento	Para
Instante	Chão
Minuto	Correr
Século	Animada
Década	Céu

Resposta:

8. Coluna A	Coluna B
Jorge Amado	Cartola
Rubem Fonseca	Aline Moraes
Machado de Assis	Cid Moreira
Graciliano Ramos	Clarice Lispector
José de Alencar	D. Pedro I

Resposta:

9. **Coluna A**	**Coluna B**
Lasanha	Sofá
Canelone	Curiosidade
Ravióli	Triste
Pizza	Fome
Nhoque	Sair

Resposta:

10. **Coluna A**	**Coluna B**
Brasileirinho	Enfermeira
Carinhoso	Caiu
Águas de Março	Nuvem
Garota de Ipanema	Árvore
Alegria, Alegria	Sensatez

Resposta:

11. **Coluna A**	**Coluna B**
Marketing	Animação
Playground	Pneu
Feedback	Esperança
Milk-shake	Terrível
On-line	Sadio
Hot dog	Capacete

Resposta:

12. **Coluna A**	**Coluna B**
Ivo Pitanguy	Palmeiras
Spock	Verde
Drauzio Varella	Lucas
Jekyll	Manaus
Doolittle	Ônibus

Resposta:

Exercício 2

O que estas palavras têm em comum?

escuro	canário	sujo
esmeralda	claro	limão
celeste	marinho	azul

Resposta:

Exercício 3

Descubra maneiras de ligar os objetos nos quadrados. Forme o maior número possível de pares com eles. Alguns pares são evidentes, enquanto outros são mais sutis. Cada um dos desenhos pode fazer par com pelo menos dois itens. Não há uma resposta certa.

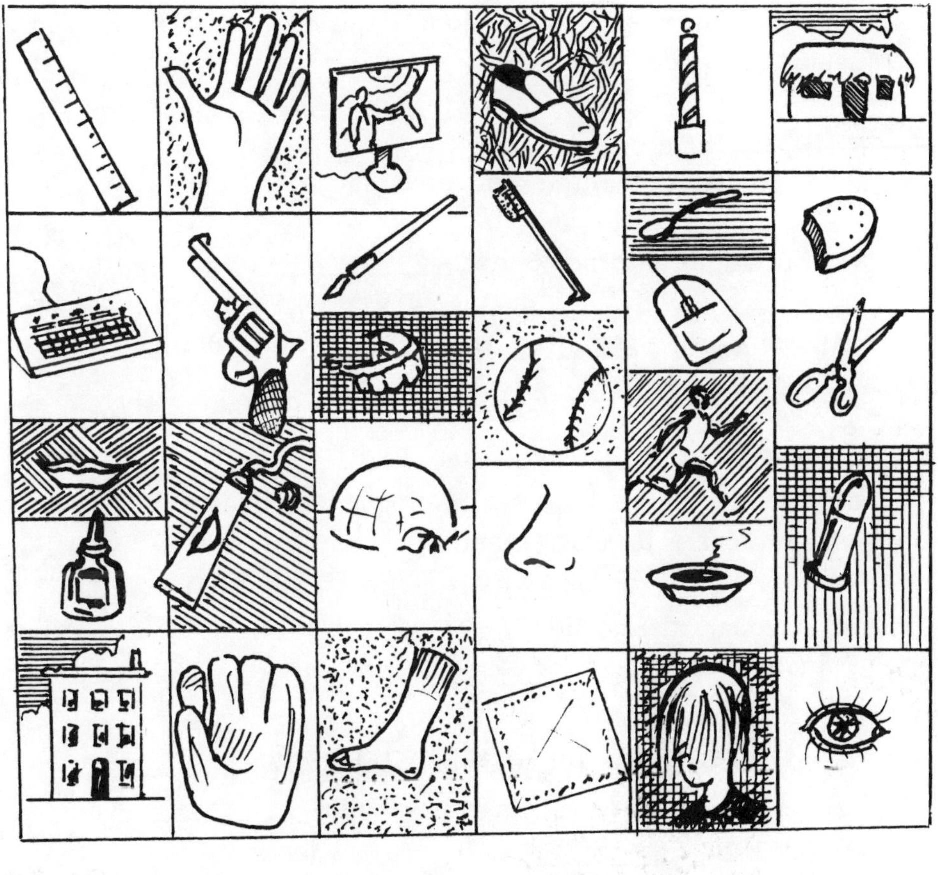

Quantos pares você formou?

Dia 5: complementação de seqüências

Habilidade: cérebro esquerdo

Número de exercícios: 1

Algumas coisas na vida estão em seqüência. Existe uma regra que as coloca em ordem e leva ao item seguinte.

Exemplo 1

Encontre a regra que dá sentido à seqüência. Use-a para descobrir o item seguinte.

1, 3, 5, 7, 9, 11, ________

Resposta: Sim, o próximo número na seqüência é 13. Há mais de uma maneira de ver a regra. Por exemplo, talvez você a tenha interpretado como números ímpares ou como números que começam com 1 e continuam aumentando de dois em dois.

Exemplo 2

Use a regra para encontrar o próximo planeta da seqüência.

Netuno, Urano, Saturno, Júpiter, ________.

Resposta: Certo, a resposta é Marte. A regra são os nomes dos planetas em ordem contrária.

Exercício I

Identifique a regra e depois a empregue para encontrar o próximo nome nas seqüências listadas a seguir.

1. Barcelona, Atlanta, Sidney, ________.
2. 11, 14, 17, 20, 23, ________.
3. b, c, d, f, g, h, ________.
4. 12h, 12h50, 13h40, 14h30, 15h20, 16h10, 17h, ________.
5. Acre, Alagoas, Amapá, Amazonas, Bahia, ________.
6. 3, 6, 12, 24, 48, ________.
7. Oceania, Europa, Ásia, Antártica, América ________.

8. dó, si, lá, sol, _____.
9. Argentina, Bolívia, Brasil, Chile, Colômbia, ________.
10. 5, 6 2/3, 8 1/3, 10, 11 2/3 __________.
11. 0, 7, 6, 13, 12, 19, 18, 25, ________.
12. u, s, q, o, m, _______.
13. 800, 400, 200, 100, 50, ________.
14. Octógono, heptágono, hexágono, pentágono, quadrilátero, _____.
15. Cinco, dez, dois, nove, oito, quatro, ________.
16. Segunda, quinta, domingo, quarta, sábado, ________.
17. Setembro, fevereiro, julho, dezembro, _______.
18. Beija-flor, tartaruga, garça, arara, mico-leão-dourado, onça-pintada, _______.
19. 54, 108, 36, 72, 24, 48, ________.
20. 1, 1, 2, 3, 5, 8, 13, ______.
21. ç, l, k, j, h, g, ________.
22. 720, 360, 120, 30, 6, _________.
23. I, II, III, IV, V, VI, VII, VIII, _________.
24. Ás, cinco, dama, dez, dois, nove, oito, ________.
25. Teresina, São Luís, Salvador, Recife, Natal, ________.

Dia 6: enigmas verbais

Habilidade: cérebro esquerdo
Número de exercícios: 2

O *exercício 1* apresenta uma palavra ou grupos de palavras que têm um segundo sentido. Cada palavra ou grupo representa um termo, expressão ou frase conhecidos. Os dois exemplos a seguir são apenas para o *exercício 1*.

Exemplo 1

JATO

Resposta: *avião a jato*

Exemplo 2

Encontre a palavra oculta no seguinte grupo de palavras.

Idade
MAIOR

Resposta: *maioridade*

Exercício I

Encontre a frase conhecida que está oculta em cada um dos seguintes grupos de palavras:

1. nada um dia, um dia, um dia, um dia...

2. macaco
galho

macaco macaco
galho galho

macaco
galho

3. mãos mãos pés
pés mãos mãos

4. <u>PREVENIR</u>
REMEDIAR

5. cacique, cacique, cacique, cacique, cacique, cacique, cacique, cacique,
índio, índio
cacique, cacique, cacique, cacique, cacique, cacique, cacique, cacique

6. A L H A D E M

7.
P   P
A   A
L   L
A
V   V
R   R
A   A
S   S

8. NÃO CÃO
SIM GATO

Exercício 2

Use pistas verbais e visuais para solucionar os enigmas a seguir.

1. Que conhecido ditado está implícito nestas "grandes" palavras?
   As mais ternas paixões e sentimentos fazem a força da rotação impulsionar este planeta habitado.

2. Qual destes nomes não pertence ao grupo?
   Carla, Mariana, João, Pedro, Ana.

3. Que parte de Cuba está em Paris?

4. Qual é o estado brasileiro que, sem a primeira e a última letras, se torna um dos quatro elementos?

5. O que há no centro da Lua?

Dia 7: alvo diabólico

Habilidade: cérebro esquerdo
Número de exercícios: 1

Exercício 1

Henrique tem um alvo feito com os números dispostos numa ordem lógica, mas o fabricante da peça cometeu uma falha (aceitável) ao inserir um dos algarismos no lugar errado na seqüência. Que número está fora do lugar? Onde ele deveria estar? Se você não conseguir descobrir, leia a pista que está escrita de cabeça para baixo no pé da página.

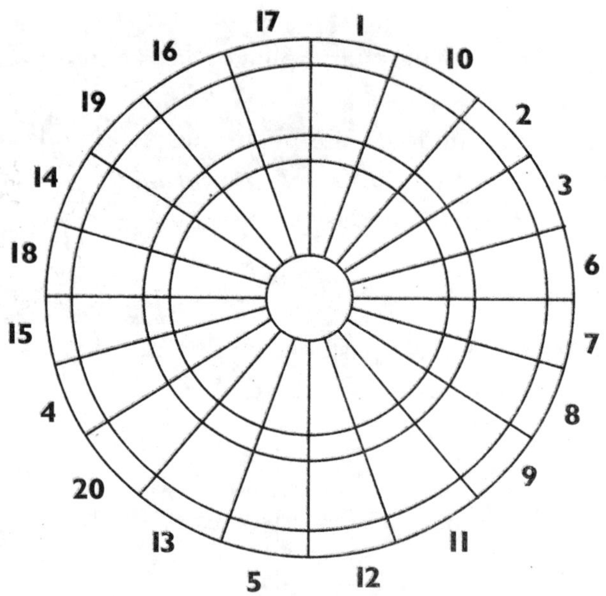

Pista: Converta os números nas palavras que eles representam (por exemplo, o número 2 é representado pela palavra *dois*). Transforme-os em palavras e encontre a regra que ordena a seqüência. Depois identifique o número que está no lugar errado.

Soluções

Dia 1: Exercício 1.

1. cem, sem
2. assento, acento
3. cinta, sinta
4. hera, era
5. cozer, coser
6. russo, ruço
7. despensa, dispensa
8. sessão, seção
9. mau, mal
10. acenderam, ascenderam
11. área, ária
12. expiar, espiar
13. remissão, remição
14. interseção, intercessão
15. sela, cela
16. cidra, sidra
17. tacha, taxa
18. traz, trás
19. sexta, cesta
20. apreçar, apressar
21. ora, hora, ora
22. cerravam, serravam

Dia 1: Exercício 2.

1. vazio
2. educado
3. arrebatador
4. inverno
5. acento
6. desagrado
7. gentil
8. alarmante
9. furioso
10. cogitar

Dia 2: Exercício 1.

1. inveja
2. cavalo
3. cinema
4. frasco
5. abelha
6. peteca
7. flauta
8. pastel
9. crosta
10. goiaba
11. soneca
12. zeloso

Dia 2: Exercício 2.

1. Encontre a palavra que não é uma raça de cão.
   a. dálmata
   b. fila
   c. pastor
   d. polvo
   e. labrador

2. Encontre a palavra que não é um tipo de flor.
   a. margarida
   b. pulga
   c. tulipa
   d. cravo
   e. violeta

3. Encontre a palavra que não é um tipo de ave.
   a. pombo
   b. avestruz
   c. papagaio
   d. cobra
   e. andorinha

4. Encontre a palavra que não é nome de oceano.
   a. Atlântico
   b. Índico
   c. Ártico
   d. costela
   e. Pacífico

5. Encontre a palavra que não é um idioma.
   a. acento
   b. inglês
   c. italiano
   d. chinês
   e. espanhol

Dia 3: Exercício 1. roda, dardo, rodada, dourada.

Dia 3: Exercício 2. canário e águia.

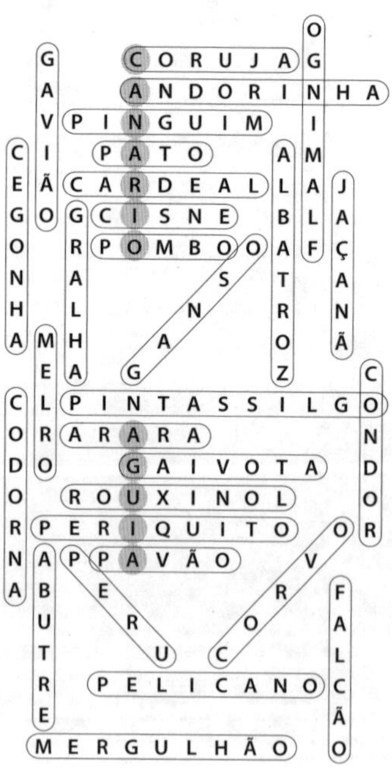

ABUTRE
ALBATROZ
ANDORINHA
ARARA
CARDEAL
CEGONHA
CISNE
CODORNA
CONDOR
CORUJA
CORVO
FALCÃO
FLAMINGO
GAIVOTA
GANSO
GAVIÃO
GRALHA
JAÇANÃ
MELRO
MERGULHÃO
PATO
PAVÃO
PELICANO
PERIQUITO
PERU
PINGÜIM
PINTASSILGO
POMBO
ROUXINOL

Dia 4: Exercício 1.

1. As palavras da coluna A têm três letras iguais.
2. As palavras da coluna A tornam-se advérbios acrescentando-se o sufixo "mente".
3. As palavras da coluna A são nomes de revistas.
4. As palavras da coluna A são nomes de capitais brasileiras terminados em A.
5. A coluna A é composta por números primos.
6. As palavras da coluna A são tipos de insetos.
7. As palavras da coluna A podem ser usadas em referência a tempo.
8. As palavras da coluna A são nomes de autores brasileiros.
9. As palavras da coluna A são nomes de pratos de origem italiana.
10. As palavras da coluna A são nomes de músicas brasileiras consagradas.
11. As palavras da coluna A são palavras da língua inglesa já incorporadas aos dicionários brasileiros.
12. Quando precedidas da designação "doutor", as palavras da coluna formam nomes conhecidos.

Dia 4: Exercício 2. Todas as palavras podem ser usadas para criar cores: marrom-escuro, verde-esmeralda, azul-celeste, amarelo-canário, rosa-claro, azul-marinho, branco-sujo, verde-limão, roxo-azul.

Dia 5: Exercício 2.

1. Atenas (cidades onde se realizaram as quatro últimas Olimpíadas).
2. 26 (aumenta de 3 em 3).
3. j (seqüência das consoantes).
4. 17h50 (aumenta de 50 em 50 minutos).
5. Ceará (estados brasileiros listados em ordem alfabética).
6. 96 (o dobro).
7. África (os continentes por ordem alfabética ao contrário).
8. fá (notas musicais em ordem contrária).
9. Equador (países sul-americanos em ordem alfabética).
10. 13 1/3 (somado com 1 2/3).
11. 24 (somar com 7, subtrair 1 e repetir).
12. j (avançando no alfabeto de duas em duas letras, do fim para o início).
13. 25 (numerais divididos por 2, em ordem decrescente).
14. triângulo (nomes de polígonos em ordem decrescente do número de lados).
15. seis (numerais até dez em ordem alfabética).
16. terça (dias da semana de três em três).
17. maio (meses avançando de cinco em cinco).
18. garoupa, na cédula de R$100 (animais nas cédulas brasileiras em ordem crescente de valor).

19. 16 (multiplicar por 2, dividir por 3 e repetir).
20. 21 (soma dos dois números anteriores, também chamada de Série de Fibonacci).
21. F (letras da segunda fileira de um teclado convencional, da direita para a esquerda).
22. 1 (dividir por 1 a mais do que na operação anterior: 2, 3, 4, 5, 6).
23. IX (algarismos romanos).
24. Quatro (cartas de baralho listadas em ordem alfabética).
25. Maceió (as capitais da Região Nordeste na ordem alfabética inversa).

Dia 6: Exercício 1.

1. Nada como um dia depois do outro.
2. Cada macaco no seu galho.
3. Meter os pés pelas mãos.
4. É melhor prevenir do que remediar.
5. Muito cacique para pouco índio.
6. O reverso da medalha.
7. Palavras cruzadas.
8. Quem não tem cão caça com gato.

Dia 6: Exercício 2.

1. O amor faz o mundo girar.
2. Pedro (não contém a letra A).
3. A letra A
4. P- ar - á.
5. A letra U.

Dia 7: Exercício 1. Os números estão ordenados pelo número de letras que contêm e depois por seu valor numérico. Ao número um (2 letras) seguem-se o dez (3 letras), o dois (4 letras), e assim por diante. O número posicionado incorretamente é o *quatorze*, pois o fabricante o escreveu com a grafia antiga, em vez de *catorze*, incluindo-o na série dos números de 8 letras, e não na de 7. O catorze deveria estar entre o quinze e o dezoito.

Capítulo dez

Desafios de agilidade mental para o lado direito do cérebro

"Quanto mais você usar o cérebro, mais cérebro terá para usar."

– George A. Dorsey

Dominância de um hemisfério cerebral

Se o seu hemisfério cerebral dominante for o *esquerdo*, você prefere processar a informação de maneira seqüencial e lógica. O lado esquerdo do cérebro é a sede da linguagem. Por isso, as pessoas com essa característica costumam ser muito boas na lógica e no raciocínio verbais. Caso o seu hemisfério cerebral dominante seja o *direito*, o seu ponto forte será o raciocínio visual-espacial. Quem está nesse grupo tende a processar a informação de maneira intuitiva, holística e aleatória. A dominância cerebral refere-se às nossas preferências em relação a pensar e aprender, mas não é imutável. De modo semelhante, não é porque uma das nossas mãos é dominante que não possamos usar e fortalecer a outra. Portanto, deduz-se que devemos utilizar e reforçar o lado não dominante do cérebro.

Para determinar o equilíbrio entre os hemisférios cerebrais e saber qual deles é dominante no seu caso, faça o seguinte Inventário de Dominância Hemisférica.[1]

Inventário de dominância hemisférica

Para cada item, desenhe um círculo em torno da letra *a* ou *b*, de acordo com a que mais se aproximar da sua preferência. Você pode escolher *a* ou *b*, mas não as duas opções. Em caso de dúvida, pense em qual seria sua resposta se a situação descrita envolvesse estresse ou fosse difícil ou nova.

1. Você geralmente chega atrasado à aula ou a outro compromisso?
   a. Sim
   b. Não

2. Ao fazer uma prova, prefere perguntas...
   a. Objetivas (de múltipla escolha, verdadeiro/falso, comparativas)
   b. Subjetivas (de discussão ou redação)

3. Quando toma decisões...
   a. Age intuitivamente, sem pensar muito.
   b. Pesa cuidadosamente cada opção.

4. Quando relata um fato a um amigo...
   a. Vai direto à questão principal e depois dá os detalhes.
   b. Conta muitos detalhes antes de revelar a conclusão.

5. Você tem um lugar para cada coisa e cada coisa em seu lugar?
   a. Sim
   b. Não

6. Quando enfrenta um grande desafio na vida, fica...
   a. Estimulado
   b. Nervoso

7. Seu estilo de trabalho é assim:
   a. Você se concentra numa tarefa de cada vez até terminá-la.
   b. Em geral faz malabarismo com várias coisas ao mesmo tempo.

8. Sabe dizer aproximadamente quanto tempo se passou sem um relógio?
   a. Sim
   b. Não

9. Qual destas duas disciplinas você tem mais facilidade para entender?
   a. Álgebra
   b. Geometria

10. Para você é mais fácil se lembrar de...
   a. Nomes
   b. Rostos

11. Ao aprender sobre um novo equipamento, você...
   a. Salta sobre ele e o põe para funcionar (o manual é o último recurso).
   b. Lê cuidadosamente o manual de instruções antes de começar.

12. Quando alguém está falando, você reage...
   a. Ao que é dito (palavras).
   b. A como é dito (tom, tempo, volume, emoção).

13. Gesticula enquanto fala?
   a. Poucos gestos (raramente usa as mãos enquanto fala).
   b. Muitos gestos (não saberia falar com as mãos atadas).

14. Como é sua área de trabalho?
   a. Arrumada e organizada.
   b. Abarrotada de coisas das quais pode vir a precisar.

15. Quando pedem sua opinião, você...
   a. Diz logo o que lhe passa pela cabeça.
   b. Pensa antes de falar.

16. Você pensa melhor...
   a. Sentado à mesa de trabalho.
   b. Andando ou deitado.

17. Quando lê uma revista, você...
    a. Salta para o que parece mais interessante.
    b. Começa na primeira página e lê as matérias na seqüência.

18. Quando vai às compras e vê algo que deseja adquirir, você...
    a. Poupa até ter o dinheiro.
    b. Debita no cartão de crédito.

19. Ao pendurar um quadro na parede, você...
    a. Mede com cuidado para garantir que fique centrado e reto.
    b. Coloca onde parece certo e corrige depois se necessário.

Preferências do hemisfério esquerdo do cérebro
1b, 2a, 3b, 4b, 5a, 6b, 7a, 8a, 9a, 10a, 11b, 12a, 13a, 14a, 15b, 16a, 17b, 18a, 19a

Preferências do hemisfério direito do cérebro
1a, 2b, 3a, 4a, 5b, 6a, 7b, 8b, 9b, 10b, 11a, 12b, 13b, 14b, 15a, 16b, 17a, 18b, 19b

Idéias para estimular o hemisfério direito do cérebro

1. Use canetas coloridas e papeletas adesivas como marcadores visuais para coisas das quais deseja se lembrar.
2. Memorize suas idéias imaginando-as como as linhas básicas de um desenho.
3. Use símbolos pictóricos para mensagens de memória.
4. Pegue um objeto comum (por exemplo, um clipe) e bole idéias diferentes e criativas para usá-lo.
5. Escolha um cômodo da sua casa e imagine formas criativas de fazer uma remodelação.
6. Comece a colecionar objetos que lhe interessem (como conchas, selos, pedras, botões) e encontre uma maneira original de exibi-los em casa.

7. Trabalhe com jogos de desenhos, como o cubo mágico, labirintos, quebra-cabeças de figuras e dominós.
8. Crie colagens usando diferentes materiais de cada vez (como tecidos diversos, sementes para pássaros, papel de seda colorido).
9. Dedique-se a um passatempo que envolva atividades baseadas num padrão visual, como costura, bordado, pintura ou fotografia.
10. Escolha um passatempo que demande trabalho manual, como pintura, carpintaria, artesanato, aeromodelismo e escultura.
11. Assista a aulas de História da Arte.
12. Jogue videogames.
13. Faça um curso de improvisação para atores.
14. Escreva uma história simples para crianças e ilustre-a depois, como num livro.

Qual é o objetivo da ginástica para a memória?

Saber qual dos seus dois hemisférios cerebrais é o dominante pode ajudá-lo em vários aspectos da sua vida, como:

- Personalizar seu trabalho e seu ambiente de aprendizagem para que se adaptem às suas formas preferidas de estudar e pensar.
- Escolher uma carreira afinada com os pontos fortes das suas habilidades naturais e do seu modo de pensar.
- Selecionar exercícios para o cérebro que preservem os pontos fortes do hemisfério dominante e fortaleçam as habilidades do hemisfério não dominante.

No capítulo nove, você realizou exercícios para estimular e fortalecer o lado esquerdo do cérebro. Agora é hora de ir para o hemisfério direito e fazer uma completa ginástica de agilidade mental.

Vamos malhar!

Pronto para começar? Todos os exercícios desta semana têm uma forte orientação visual-espacial. Se essa não for a preferência do seu hemisfério cerebral dominante, não se preocupe, pois há muitos exemplos e pistas.

Plano semanal de exercícios

Este é o plano de exercícios desta semana para o hemisfério direito do seu cérebro.

Dia	Nome do exercício	Habilidade	Páginas
1	complementação de seqüências	cérebro direito	233-234
2	reconstrução	cérebro direito	235-236
3	rotações	cérebro direito	237-238
4	compare & diferencie	cérebro direito	238-239
5	ilusões de óptica	cérebro direito	240
6	ligações	cérebro direito	241
7	labirintos enlouquecedores	cérebro direito	242-244

As soluções dos exercícios de agilidade mental encontram-se no fim deste capítulo.

Dia 1: complementação de seqüências

Habilidade: cérebro direito
Número de exercícios: 2

Como você já viu, algumas coisas na vida estão numa seqüência. Nos dois exercícios a seguir, a chave para a seqüência está no padrão visual. Descubra a regra que ordena o padrão da seqüência e depois faça um círculo em torno da figura que a completa. Escolha entre as figuras de *a* a *d*.

Exercício 1

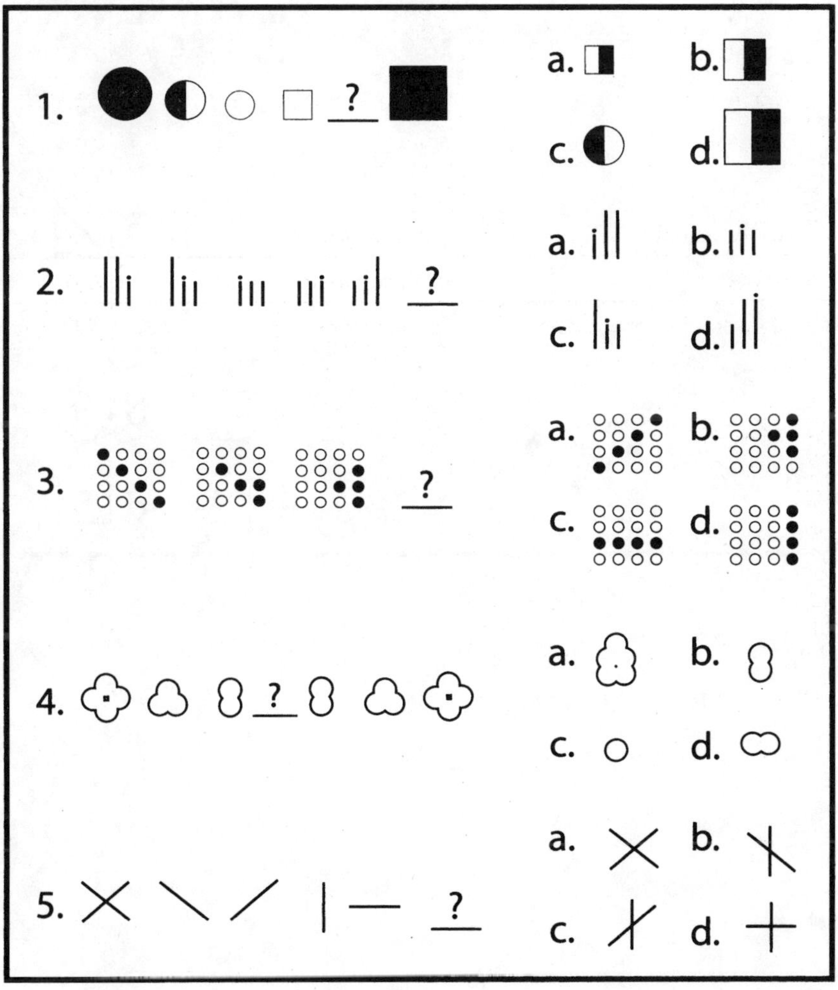

Exercício 2

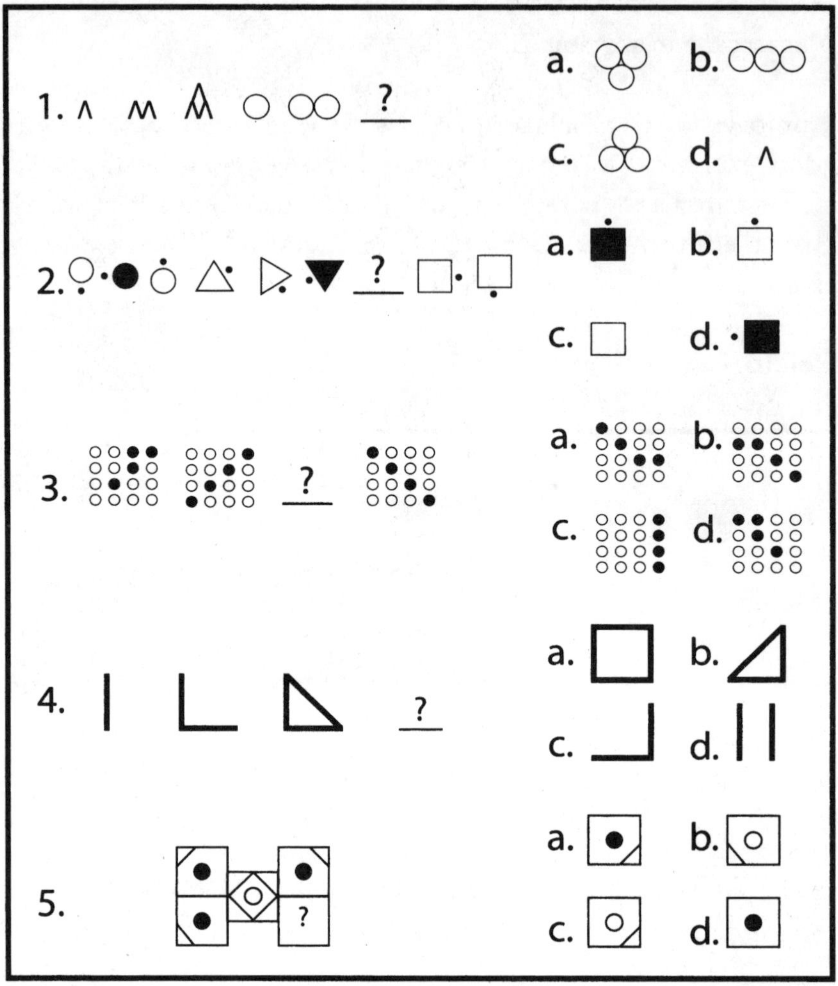

Dia 2: reconstrução

Habilidade: cérebro direito

Número de exercícios: 2

Exercício I

Quais conjuntos de peças podem ser usados para reconstruir as figuras 1 e 2 à esquerda?

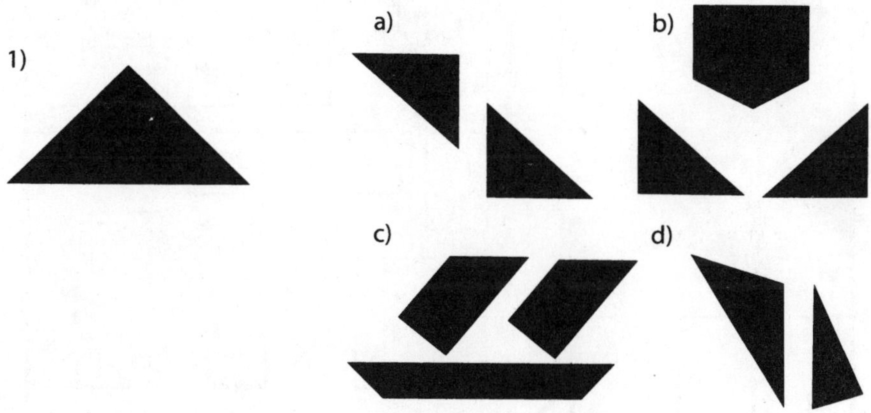

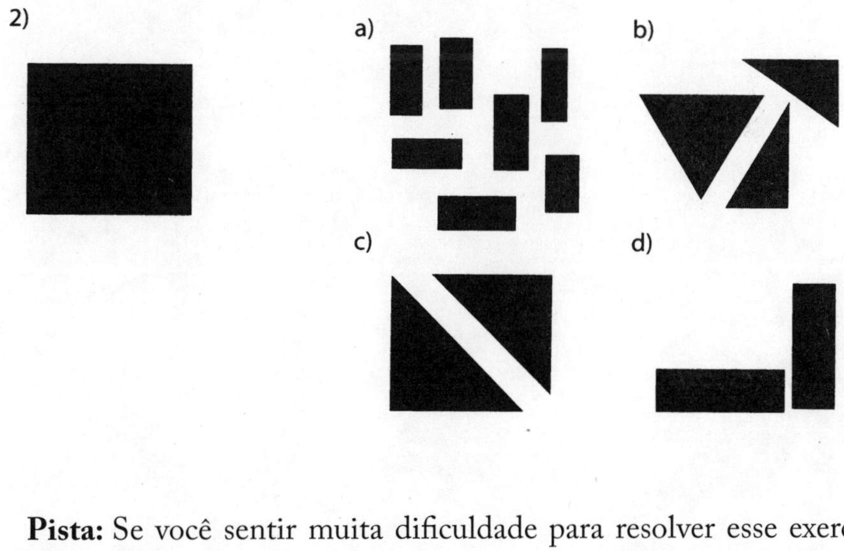

Pista: Se você sentir muita dificuldade para resolver esse exercício, faça uma fotocópia ampliada das peças, corte-as e manipule-as para reconstruir as figuras.

Exercício 2

Insira as seis peças na caixa à esquerda de modo que nenhuma delas se sobreponha a outra nem cubra o pequeno quadrado preto que já está lá. Todos os pontos brancos devem ser postos ao lado de um ponto preto de outra peça ou do pequeno quadrado preto. Talvez você considere útil fazer uma fotocópia ampliada deste exercício e cortar as peças para poder girá-las com a mão.

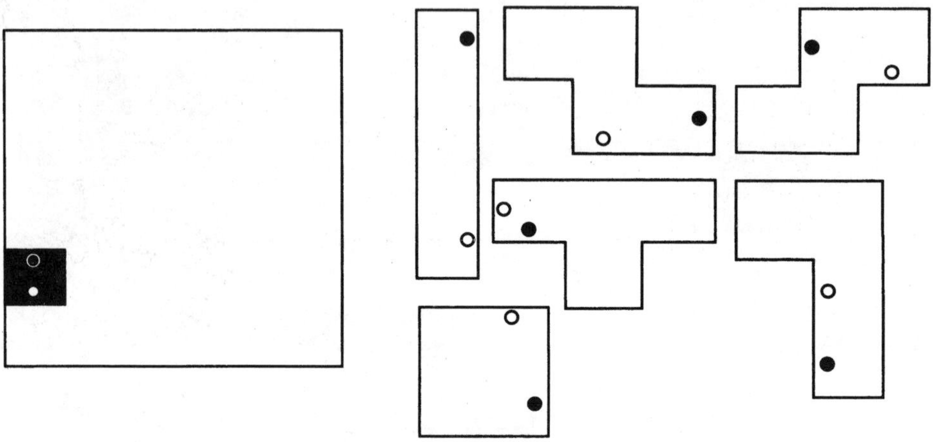

Dia 3: rotações

Habilidade: cérebro direito

Número de exercícios: 2

Exercício 1

Desenhe um círculo em torno da planta da casa à direita que representa a rotação da planta original à esquerda.

1.

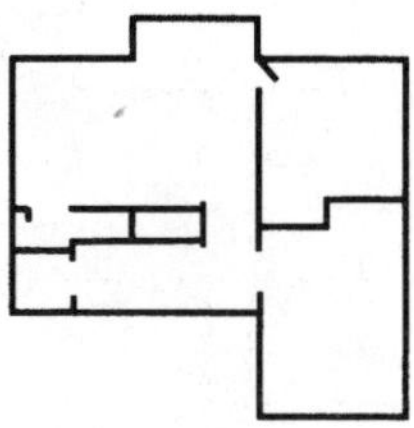

a)

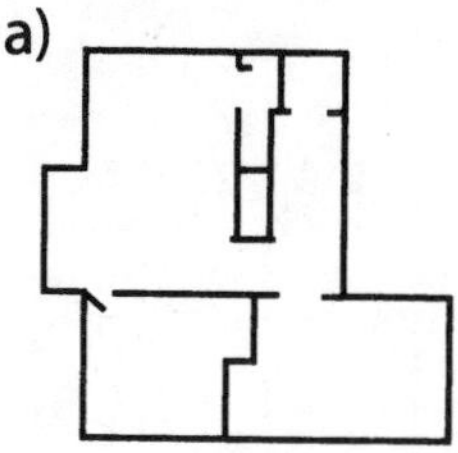

b)

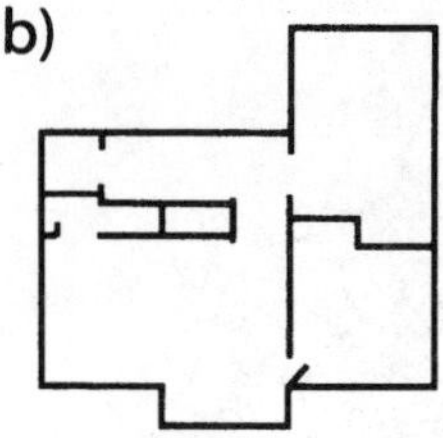

c)

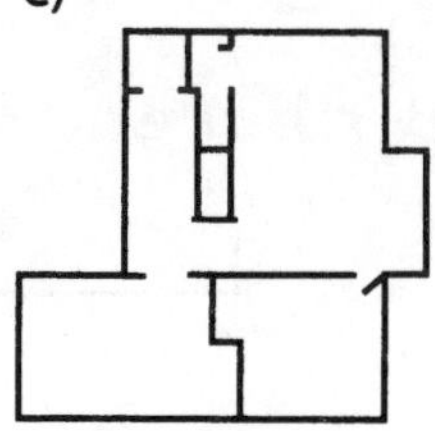

d)

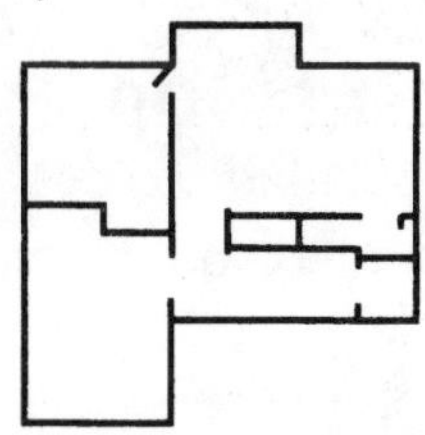

Exercício 2

Faça um círculo ao redor da figura de cada seqüência que não pertence ao grupo. Se você resolver uma das questões, terá descoberto o código e conseguirá solucionar todas as outras.

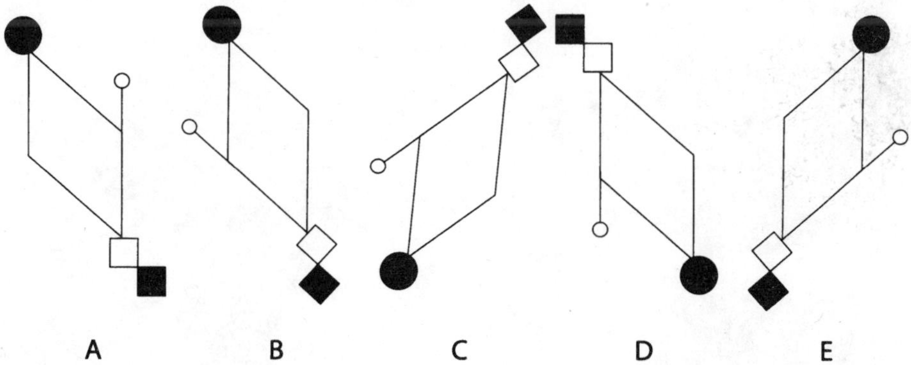

A B C D E

A B C D E

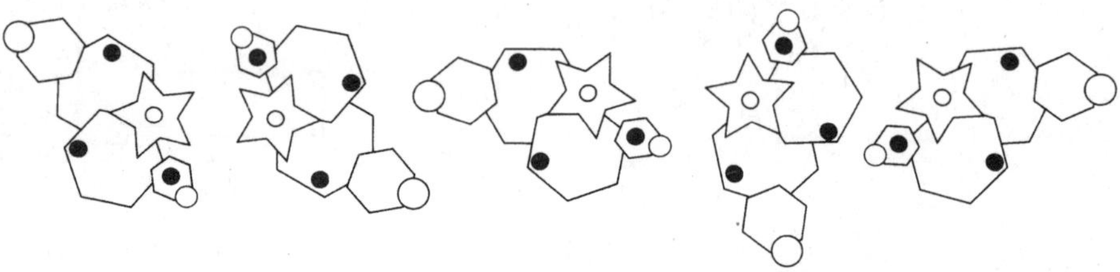

A B C D E

Dia 4: compare & diferencie

Habilidade: cérebro direito

Número de exercícios: 2

Exercício 1

Uma artista plástica foi contratada para desenhar dois vasos idênticos de flores para duas irmãs gêmeas. Mas ela cometeu alguns enganos. As irmãs se recusaram a pagar até que os erros fossem corrigidos. Veja se consegue ajudar a artista a detectar os 10 detalhes que tornam os vasos diferentes. Faça um círculo em torno deles na figura à direita.

Exercício 2

Examine esta cena de fazenda e tente identificar coisas que pareçam estranhas. Cinco delas estão ocultas nos galhos das árvores e cinco entremeadas no restante da figura. Faça um círculo em torno dos 10 elementos incomuns.

Dia 5: ilusões de óptica

Habilidade: cérebro direito

Número de exercícios: 1

Nada é como parece à primeira vista. A maneira como compreendemos o mundo ao nosso redor depende dos "filtros" cerebrais que usamos. Nos dois exercícios a seguir, você utilizará diferentes filtros cerebrais para identificar interessantes ilusões de óptica.

Exercício I

O quadro a seguir é a reprodução de um desenho conhecido. Esta ilustração é uma ilusão de óptica porque contém duas imagens opostas: a de uma moça e a de uma velha. Tente identificar as duas. Virar a figura de cabeça para baixo pode ajudar. Se ficar confuso, use as pistas fornecidas no pé da página como auxílio.

Pistas: A orelha da jovem é o olho da velha. O queixo da jovem é o nariz da velha. O nariz da jovem é a verruga da velha. O colar da jovem é a boca da velha.

Dia 6: ligações

Habilidade: cérebro direito

Número de exercícios: 2

Exercício 1

O Problema dos Nove Pontos apresentado a seguir é um clássico que exige o emprego de habilidades de relação espacial. A tarefa é desenhar uma linha por todos os pontos com quatro linhas retas sem tirar o lápis do papel. Nenhuma delas deve tornar a passar por outra. Cada ponto tem que estar em pelo menos uma linha. Para resolver o problema, você não poderá ter um pensamento "quadrado".

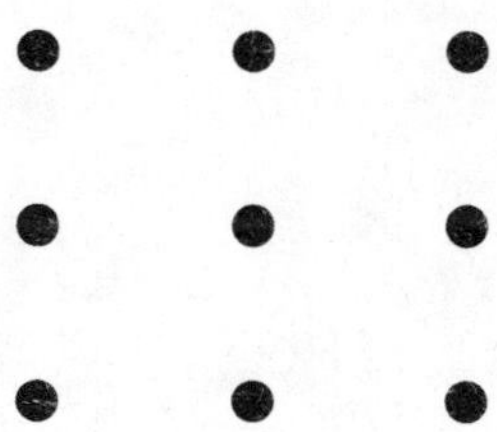

Exercício 2

O problema Contar Quadrados é outro exercício clássico para estimular o hemisfério direito do cérebro. Quantos quadrados há na figura a seguir? Não deixe de procurar todos eles.

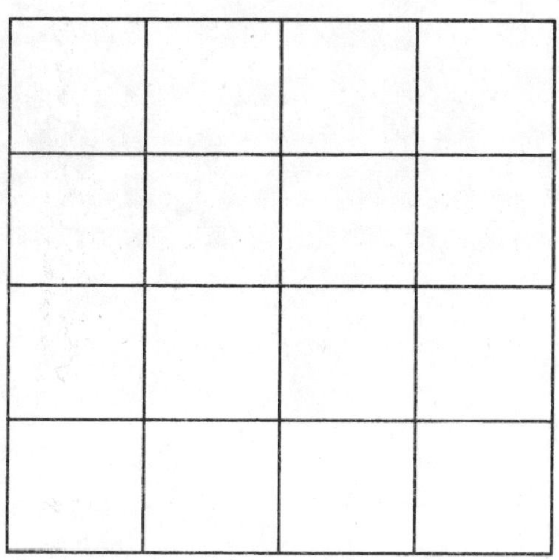

Dia 7: labirintos enlouquecedores

Habilidade: cérebro direito

Número de exercícios: 3

Divirta-se com os labirintos enlouquecedores apresentados a seguir. A meta é atravessar o labirinto começando pelo ponto de entrada e terminar na saída. Os labirintos avançam do mais simples para o mais difícil. Você pode trabalhar em todos os três ou escolher um para a ginástica mental de hoje.

Exercício 1

Entrada

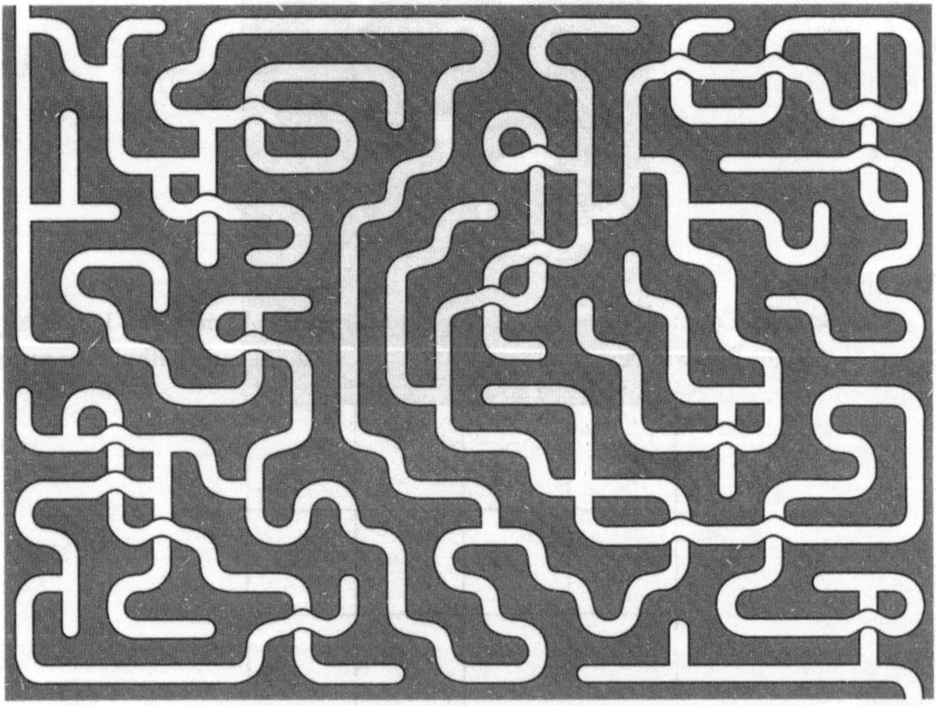

Saída

Exercício 2

Exercício 3

Coluna de aconselhamento do Dr. Cérebro em Forma

Caro Dr. Cérebro em Forma,

O Brasil é o país dos bebedores de café. Há cafés e bares em quase todas as esquinas. Alguém já estudou os efeitos da cafeína na mente e no corpo?

– Elisa

Cara Elisa,

De fato, o café é uma preferência dos brasileiros, e nada indica que essa tendência vá mudar. Felizmente, muitas instituições vêm realizando pesquisas sobre os efeitos da cafeína na mente e no corpo.

Cafeína – estimulante ou não?

Uma equipe chefiada pela Dra. Lee Ryan na Universidade do Arizona realizou um estudo para determinar os efeitos da cafeína na memória de indivíduos de 65 anos de idade ou mais que se consideravam "pessoas matinais".[2] Os pesquisadores constataram que os adultos mais velhos que tomavam uma xícara de 300ml de café comum de manhã e à tarde, antes de fazer um teste de memória, apresentavam melhor desempenho do que os participantes que bebiam uma xícara de café descafeinado antes de cada período de teste. Além disso, os que ingeriam cafeína não mostravam nenhum declínio visível de memória durante o dia. Numa entrevista, a Dra. Ryan explicou que a cafeína estimula várias regiões do cérebro – as que controlam a vigília, o despertar, o humor e a concentração são especialmente sensíveis até a baixas doses dessa substância. E acrescentou: "Suspeitamos de que isso explique a melhora no desempenho. Se esse dado estiver certo, a cafeína exerce um importante impacto numa grande variedade de funções cognitivas, e não apenas na memória."[3]

Num estudo de natureza inteiramente diferente, o Dr. Allan Conney, professor de pesquisas sobre câncer e leucemia da Universidade Rutgers, descobriu que uma loção de pele enriquecida com cafeína ou com outro componente encontrado no chá verde pode reduzir mais da metade do número de tumores cancerígenos na pele de camundongos sem pêlo expostos a altos níveis de radiação ultravioleta.[4]

Então são só boas notícias quando se trata do consumo de café? Primeiro, é importante notar que as descobertas científicas em relação ao fortalecimento da memória não se aplicam a adultos jovens, a não ser que eles estejam particularmente cansados ou com privação de sono. Além disso, os estudos examinaram pessoas que estavam habituadas a tomar café e não apresentavam nenhum efeito prejudicial causado pela cafeína. Eles não pesquisaram indivíduos que sofreram efeitos negativos provocados por essa substância, como dores de cabeça, tremor, ansiedade e diminuição de concentração decorrentes da abstinência. O Dr. Jim Lane, pesquisador da Faculdade de Medicina da Universidade Duke, alerta para o fato de que a cafeína sempre eleva a pressão sangüínea e que seu consumo diário em quantidades excessivas pode fazer a pressão subir o bastante para intensificar o risco de ataque cardíaco e derrame. Como acontece com tantas outras coisas, a sabedoria nutricional nos diz para desfrutar o café diário, mas com moderação, e reservar sua ingestão para as ocasiões em que precisamos de estímulo mental.

Soluções

Dia 1: Exercício 1.

1. b
2. a
3. d
4. c
5. d

Dia 1: Exercício 2.

1. c
2. b
3. d
4. a
5. a

Dia 2: Exercício 1.

1. d
2. b

Dia 2: Exercício 2.

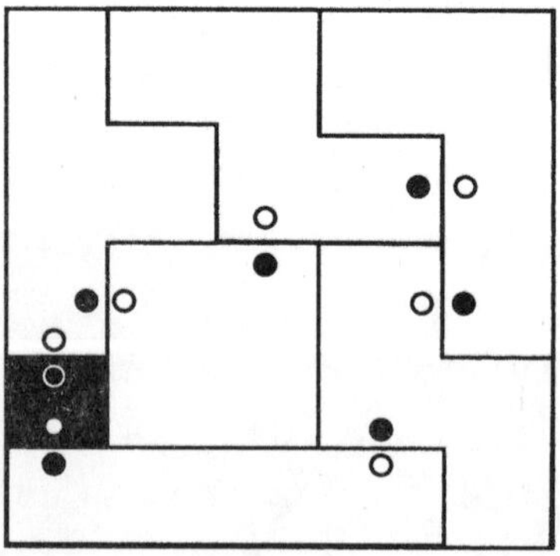

Dia 3: Exercício 1. c

Dia 3: Exercício 2. b, c, e. A figura que não faz parte da seqüência é uma *inversão* da figura A. Todas as outras figuras são *rotações* da figura A. Se você tiver muita dificuldade para resolver o problema, faça uma fotocópia das figuras, corte-as e gire-as manualmente.

Dia 4: Exercício 1. Há 10 disparidades entre os quadros. O arranjo à direita apresenta as seguintes diferenças:

1. A cor preta do vaso é mais intensa.
2. A "linha de contraste" à esquerda (do alto à base) do vaso é mais nítida.
3. Há uma flor extra pendendo da esquerda na parte inferior do arranjo.
4. Há uma folha preta extra despontando à esquerda do arranjo.
5. Há uma flor extra despontando no alto do arranjo.
6. Falta uma pétala branca sobreposta na flor preta no centro.
7. A flor central no alto tem uma folha extra no lado esquerdo do caule.
8. A flor branca no alto tem uma pétala a menos.
9. A folha à direita embaixo tem uma folha extra no caule.

Dia 4: Exercício 2. Há 10 elementos anormais na cena da fazenda. Os cinco objetos escondidos nas árvores são: uma serra, um regador, um chapéu, uma tesoura e uma pá. Os outros cinco detalhes estranhos na figura são: a letra N na cerca, os números 1, 2 e 3 no campo, o ancinho oculto no campo, o olho no farol alto do carro e as frutas num vaso de flores, e não numa cesta.

Dia 6: Exercício 1.

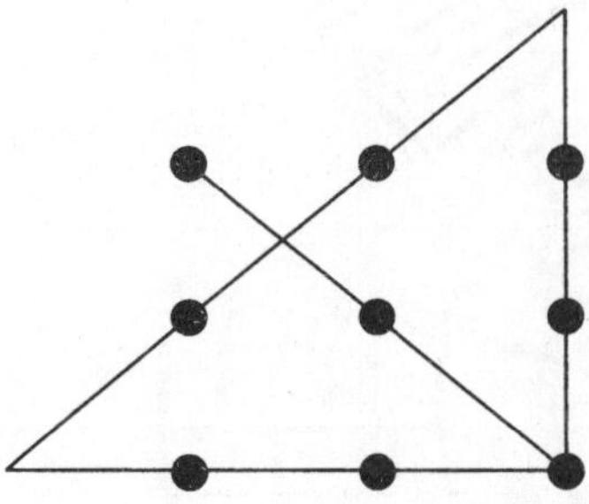

Dia 6: Exercício 2. Usando todas as combinações possíveis, há 30 quadrados.

Dia 7: Exercício 1.

Dia 7: Exercício 2.

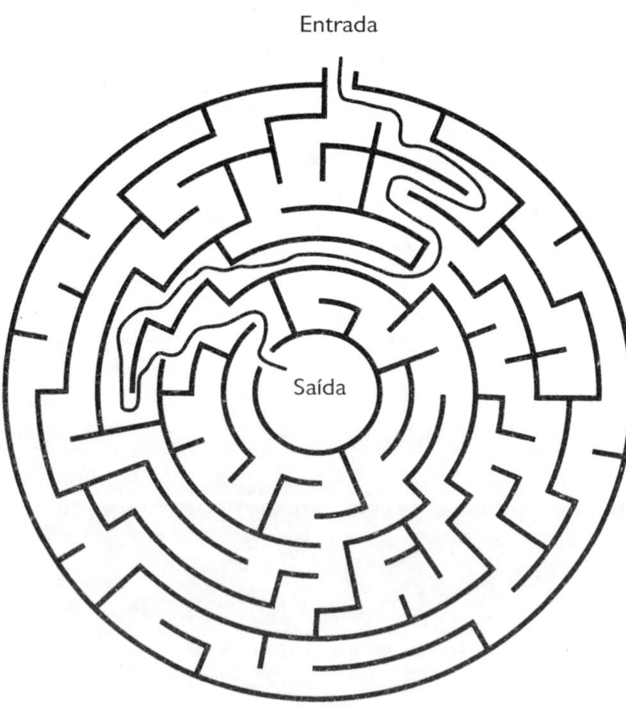

Dia 7: Exercício 3.

Entrada

Saída

Capítulo onze

Preservando seu cérebro

"A melhor maneira de prever o futuro é criá-lo."

– Peter F. Drucker

O lado oposto ao da juventude

Você já teve um momento de revelação em que de repente percebeu que não é mais jovem? Acontece quando a gente menos espera e, em geral, nada tem a ver com pontos de referência cronológicos, como a data de aniversário. Talvez, ao ler o jornal, você se pergunte por que começaram a usar letras tão pequenas. Ou se olhe no espelho e note aqueles primeiros fios de cabelo branco. Pode ser que interrompa a conversa, incapaz de se lembrar do nome do filme que viu na semana anterior. Outros sinais do envelhecimento estão relacionados a seguir. Algum deles se aplica a você?[1]

1. A idéia de se deitar no chão para assistir à TV lhe parece desconfortável?
2. Você geme um pouco quando se curva para se levantar?
3. Seus filhos estão estudando fatos históricos que você viveu?
4. A maior parte dos nomes em seu caderno de endereços é antecedida por "Dr."?
5. Sobra bastante espaço em sua casa e falta espaço no armário de remédios?

6. Anda usando pinça no queixo e não nas sobrancelhas?
7. Começou a ter sono mais cedo?
8. Leva duas vezes mais tempo se arrumando e não fica nem a metade melhor?
9. Apaga as luzes mais por motivos econômicos do que românticos?
10. Aguarda com ansiedade por uma noite de monotonia?
11. Canta acompanhando a música do elevador?
12. Compra sapatos mais confortáveis do que os da moda?

Se você respondeu sim a duas ou mais perguntas, sinto muito: você já está do lado oposto ao da juventude.

Envelhecendo com qualidade de vida

Muitos de nós que estão no lado oposto ao da juventude fazem perguntas sobre como envelhecer com qualidade de vida. É possível passar por esse processo com graça e vigor? Que influência ou controle temos sobre o envelhecimento? Estatísticas prevêem que a expectativa de vida em meados do século XXI talvez ultrapasse os 90 anos, com até 600 mil indivíduos nos Estados Unidos chegando aos 100 anos. A fim de se preparar para essa explosão, cientistas e gerontologistas têm trabalhado duro para descobrir fatores que possamos controlar para envelhecer em boas condições. Estudos longitudinais de grupos de pessoas, assim como pesquisas neurocientíficas de vanguarda, refutam antigos mitos sobre o envelhecimento e redefinem o conceito de envelhecer "bem". O que temos aprendido é animador. Apesar das tendências genéticas, podemos fazer muitas coisas para interferir positivamente na forma como vivenciamos o avanço da idade.

Como as funções mentais mudam com o passar dos anos

As preocupações com o declínio mental encabeçam a lista de perguntas sobre o envelhecimento. A perda da capacidade de pensar rápido, raciocinar com clareza e nos lembrarmos das coisas corretamente estão entre os nossos maiores receios. O que os cientistas aprenderam sobre as mudanças na função cognitiva durante esse processo?

Enquanto algumas funções mentais de fato declinam com o passar dos anos, muitos fatores positivos compensam essas transformações. No caso dos adultos mais velhos ocorre uma redução na velocidade de processamento, isto é, eles necessitam de mais tempo para assimilar novas informações. É mais demorado aprender um novo idioma aos 60 anos do que aos 20. Felizmente, a maioria das coisas que fazemos todo dia não depende da rapidez com que processamos informações. É interessante notar, porém, que os adultos mais velhos que retornam à escola costumam ter melhores notas do que quando eram mais jovens. Muitos deles dizem que isso ocorre porque não sofrem mais as pressões sociais e financeiras que enfrentavam antes e, assim, podem dedicar completa atenção ao aprendizado. Outra função mental afetada pelo envelhecimento é a concentração. Para os idosos, é mais difícil concentrar-se quando realizam múltiplas tarefas ou se deparam com interrupções e distrações.

Pesquisadores descobriram que, apesar desses leves declínios cognitivos, há muitas áreas em que os adultos mais velhos superam os mais jovens em desempenho. Em vários testes, eles se saíram melhor do que os mais moços na compreensão de leitura quando o assunto em questão era importante para sua vida. E apresentaram o mesmo desempenho que os adultos jovens nos testes de raciocínio em que os problemas a serem resolvidos tinham importância no mundo real e um elemento emocional. Além disso, os pesquisadores documentaram ganhos de vocabulário e sabedoria em pessoas com bem mais de 70 anos.

Em relação às mudanças na memória, a principal é que de vez em quando os idosos levam mais tempo para se lembrar de uma informação. Alguns deles se referem a isso como o fenômeno da "ponta da língua". Sabem a informação, mas simplesmente não conseguem resgatá-la de imediato. Outros tipos de memória mostram pouco ou nenhum declínio durante o processo de envelhecimento. Quando se vêem diante de informações que ouviram ou viram, os idosos as reconhecem quase tão bem quanto os jovens. Eles também continuam a dispor de uma boa memória ativa para desempenhar as tarefas da vida cotidiana. E, claro, sabemos que exercitar ativamente o cérebro preserva e fortalece as funções cognitivas.

Avaliando seus ganhos

Com a adoção do programa Cérebro em Forma, você vem exercitando a mente e a memória há várias semanas. As mudanças importantes na memória e na agilidade mental ocorrem com o passar do tempo e podem ser medidas. Assim como acontece com o exercício físico, quanto mais você se dedicar a um esquema de exercício cerebral regular e contínuo, maiores serão os ganhos. No capítulo um, você realizou três pré-avaliações, duas da memória e uma da agilidade mental. Agora vamos refazê-las para medir seus progressos como resultado do investimento de nove semanas no programa Cérebro em Forma.

Pós-avaliação subjetiva da memória

No capítulo um, você realizou a pré-avaliação subjetiva da memória. Agora, irá refazê-la para constatar como sua competência e confiança em relação à memória melhoraram. Não olhe a pontuação do capítulo um até ter terminado a nova avaliação. O processo e as perguntas serão iguais. Faça um círculo em torno do número (1 é ausência de problema e 7, um problema sério) que reflita melhor o julgamento que você faz da sua memória. Pronto para começar?

Com que freqüência estas questões representam um problema para você?

	ausência de problema						problema sério
Lembrar-se de quem							
Nomes de pessoas	1	2	3	4	5	6	7
Nomes de lugares (restaurantes, lojas, etc.)	1	2	3	4	5	6	7
Títulos (de livros, filmes, etc.)	1	2	3	4	5	6	7
Lembrar-se do quê							
Executar pequenas incumbências	1	2	3	4	5	6	7
Fazer trabalhos domésticos	1	2	3	4	5	6	7
Comprar algo no supermercado	1	2	3	4	5	6	7
Concluir uma tarefa	1	2	3	4	5	6	7

	ausência de problema						problema sério
Lembrar-se de quanto							
Números de telefone usados com freqüência	1	2	3	4	5	6	7
Números pessoais importantes (RG, CPF, etc.)	1	2	3	4	5	6	7
Como fazer o balanço no talão de cheques	1	2	3	4	5	6	7
Lembrar-se de quando							
Compromissos e encontros	1	2	3	4	5	6	7
Ocasiões especiais (aniversários, etc.)	1	2	3	4	5	6	7
Tomar remédios na hora certa	1	2	3	4	5	6	7
Lembrar-se de onde							
Onde colocou algo (chaves, controle remoto da TV, etc.)	1	2	3	4	5	6	7
Onde estacionou o carro	1	2	3	4	5	6	7
Endereços de lugares conhecidos	1	2	3	4	5	6	7
Lembrar-se em conversas							
Do que acabou de dizer	1	2	3	4	5	6	7
Se disse algo a alguém	1	2	3	4	5	6	7
Se alguém lhe disse algo	1	2	3	4	5	6	7
Encontrar a palavra certa	1	2	3	4	5	6	7

Processo de pontuação

Para avaliar seus ganhos, complete os passos 1 e 2 a seguir. No *passo 1*, você vai determinar sua média de pontos para esta avaliação e compará-la com a média que obteve na avaliação inicial (páginas 25 a 28) no capítulo um. No *passo 2*, irá comparar seus pontos individuais em cada um dos itens nesta avaliação com os pontos individuais que marcou na avaliação inicial no capítulo um.

Passo 1

1. Some o total de pontos de todos os itens em que desenhou o círculo.
2. Divida a contagem total por 20 (o total desses itens).
3. Determine sua média de pontos.
4. Compare essa média de pontos com a média que obteve na avaliação inicial.

Pontuação	Interpretação
1	Você não sente problemas de memória
2-3	Você sente leves problemas de memória
4-5	Você sente problemas de memória moderados
6-7	Você sente grandes problemas de memória

Passo 2

1. Compare seus pontos individuais por item nesta avaliação com os pontos individuais por item na avaliação inicial.
2. Faça um círculo em torno de todos os itens em que sua pontuação melhorou (aqueles em que marcou menos pontos).
3. Some o total dos itens em que a contagem de pontos melhorou.

Interpretando seus ganhos

Para avaliar seus ganhos pessoais, responda às seguintes perguntas:

1. Houve melhora em sua contagem média total?
2. Houve melhora em sua contagem de pontos por item? Quantos deles apresentaram progresso?
3. Houve melhora nos pontos para determinadas categorias? Quais foram elas?
4. Você se sente mais confiante em relação à sua memória e à sua capacidade de fortalecê-la?

Responder sim a qualquer uma dessas perguntas significa que você obteve ganhos como resultado de sua participação no programa Cérebro em Forma. Sinta orgulho de suas realizações e comemore o sucesso. O melhor é que esses progressos que você consegue constatar são apenas o começo. Assim como a atividade física contínua aumenta os benefícios para o corpo, os exercícios regulares para o cérebro melhoram cada vez mais esse órgão. Você está a caminho de ter um cérebro ainda mais saudável e forte.

Pós-avaliação da memória objetiva

Agora vamos dar uma olhada nos benefícios que você obteve na avaliação objetiva da memória. O processo será igual ao do capítulo um, com exceção de um aspecto. Desta vez, antes de começar, você *determinará a estratégia de memória*. Qual das habilidades de memória quer usar para conseguir se lembrar das palavras com mais facilidade? Por exemplo, talvez prefira associar as palavras numa fileira ou coluna, num quadro ou numa história. Assim que fizer sua opção, você estará pronto para retomar a avaliação objetiva da memória, de acordo com as orientações a seguir.

Leia toda a lista de palavras apenas *uma vez*, concentrando-se em cada uma delas. Depois cubra esta relação e anote todos os itens dos quais conseguir se lembrar.

Caixa	Grito	Rei
Pancada	Joelho	Dança
Perda	Presente	Licor
Sapato	Banana	Cão

Interpretando seus ganhos

Como se saiu? Compare o número de palavras de que se lembrou nesta avaliação com o que obteve na avaliação inicial do capítulo um. De quantas palavras a mais conseguiu se recordar agora? Caso o número seja idêntico, seu tempo de memória melhorou? Que técnicas de memória você usou?

Agilidade mental pós-avaliação

No capítulo um, você realizou uma pré-avaliação da agilidade mental semelhante à que se segue. Agora, a refará para verificar se sua confiança e desempenho em termos de memória progrediram. Os itens em cada fileira formam uma série. Cada série se baseia num padrão ou regra previsíveis. Encontre a regra ou o padrão e depois preencha a resposta que completa a série. Para as ilustrações gráficas, escolha a letra que corresponde à forma que completa a série.

Quando estiver pronto para começar, **marque o cronômetro para cinco minutos**. Pare quando o tempo se esgotar. Leia as respostas no fim deste capítulo e desenhe um círculo em torno daquelas que acertou.

1. 0, 1, 3, 6, 10, 15, 21, _______

2. John, Ringo, Paul, _______

3. 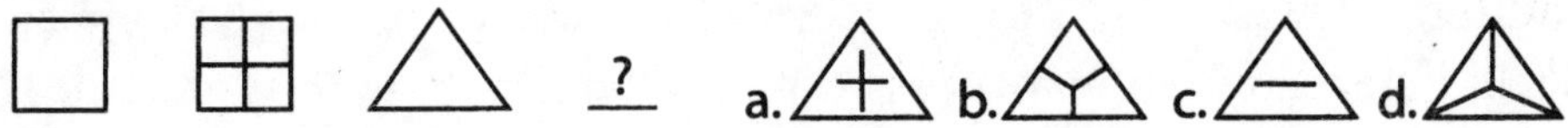

4. 1, 10, 100, 1.000, 10 mil, 100 mil, _______

5. 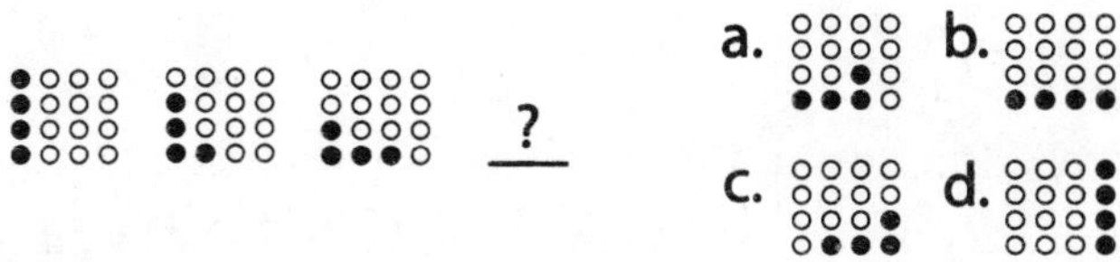

6. 7 horas, 3 horas & 30 minutos, 1 hora & 45 minutos, 52 minutos & 30 segundos, _______

7. 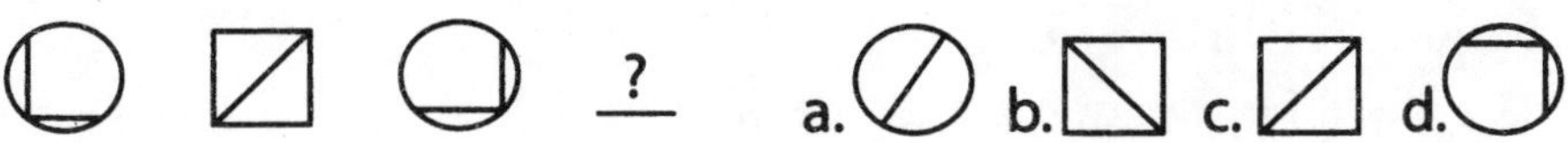

8. B, C, D, G, _______

9. 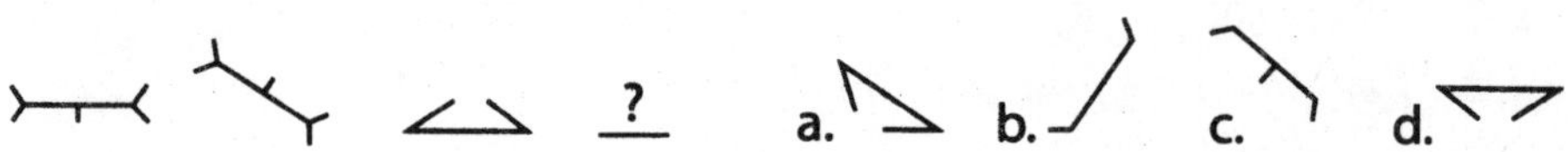

10. Salve, pendão, esperança, símbolo, _______

Interpretando sua pontuação

Compare o número de itens que você respondeu corretamente nessa pós-avaliação da agilidade mental com o número que obteve na pré-avaliação dessa habilidade no capítulo um. Acertou um número maior de respostas no tempo estipulado? Conseguiu completar as séries mais rapidamente? Foi mais divertido desta vez?

Avalie seu estilo de vida

Os exercícios cerebrais regulares vão ajudar você a preservar, proteger e intensificar a memória e a agilidade mental. Mas eles não são os únicos elementos que podem promover a saúde do cérebro e permitir um envelhecimento em boas condições. Pesquisadores apontaram nove fatores-chave de estilo de vida capazes de complementar os exercícios cerebrais e contribuir para o processo. Eles estão sintetizados a seguir na avaliação do Estilo de Vida Cérebro em Forma. Com ela, você terá mais facilidade em identificar com precisão os pontos fortes e as áreas de risco do seu estilo de vida. Mais adiante neste capítulo, usará os resultados dessa avaliação para elaborar um esquema que possa lhe proporcionar um corpo e um cérebro mais saudáveis, completando o Plano de Ação Cérebro em Forma.

Avaliação do Estilo de Vida Cérebro em Forma

Desenhe o símbolo de conferência (√) na linha de cada fator do qual você vem cuidando bem. Faça um X ao lado dos fatores que atualmente não têm recebido muito a sua atenção.

1. Fique atento aos números _______

O que é bom para o coração é bom para o cérebro. Pressão sangüínea alta, doença cardíaca e derrame são fatores de risco para a demência. Oriente-se com seu médico para controlar o peso, a pressão sangüínea, os níveis de colesterol e os níveis de açúcar no sangue. Se você toma muitos remédios, consulte-o sobre o efeito combinado desses medicamentos na sua memória, humor e acuidade mental.

2. Alimente o cérebro _______

Uma boa nutrição é essencial para a saúde do cérebro. Uma dieta pobre em gordura e colesterol protege o coração e o cérebro. Uma alimentação rica em folhas verde-escuras, legumes e frutas, que contêm antioxidantes, ajuda a eliminar os radicais livres e preservar as células cerebrais. Os ácidos graxos ômega-3 encontrados nos peixes possuem propriedades que estimulam o humor e a memória. Acrescente à alimentação as vitaminas antioxidantes E e C, além de vitamina B12 (ácido fólico).

3. Proteja-se das toxinas ambientais _______

Os cientistas há muito suspeitam de que as toxinas ambientais, como o mercúrio, desempenham um papel nos distúrbios neurodegenerativos. O FDA (departamento que controla alimentos e drogas nos Estados Unidos) divulgou um comunicado recomendando que grávidas evitem comer peixes com alto teor de mercúrio, a fim de protegerem o feto. Outras fontes de mercúrio incluem termômetros antiquados e alguns amálgamas usados em restaurações dentárias.

4. Mantenha-se fisicamente ativo

Comprovou-se que o exercício físico aumenta o fluxo sangüíneo para o cérebro, que transporta oxigênio e nutrientes essenciais à função cerebral saudável. A atividade física também intensifica a circulação de endorfinas, hormônios que comprovadamente estimulam o humor e a memória. Ser viciado em televisão é ruim para a saúde. Adquira o hábito de ficar mais tempo de pé do que sentado. Um estudo apresentado pela TV americana NBC no noticiário *Nightly News* mostrou que as pessoas com tendência a ficar de pé e a movimentar-se queimam significativamente mais calorias e são mais magras do que aquelas que preferem ficar sentadas.

Um programa de atividade física balanceado engloba três elementos: treinamento de flexibilidade, atividades para tonificação muscular e exercícios cardiovasculares (aeróbicos). Se possível, procure a orientação de um professor de Educação Física. Ele vai elaborar um programa personalizado adequado à sua idade e ao seu atual condicionamento físico. Lembre-se de que caminhar é um dos melhores e mais seguros exercícios aeróbicos. Na edição de 2 de março de 2004, a publicação *Proceedings of the National Academy of Sciences* divulgou um estudo sobre pesquisadores que, usando equipamentos de neuroimagem de alta tecnologia, observaram os efeitos que a caminhada exerce no cérebro humano. Eles descobriram que os praticantes de caminhadas regulares e rápidas apresentavam ganhos significativos na atenção e nas habilidades relacionadas à capacidade de tomar decisões.[2]

5. Controle o estresse

O estresse faz parte do ser humano. Pode ser provocado por fatos positivos e negativos da vida, como casamento ou morte na família. Acredita-se que o mecanismo do estresse seja uma herança do nosso passado primitivo, em que o sistema de alerta do corpo para "lutar ou fugir" estabelecia a diferença entre ter urso no jantar ou ser o jantar de um urso. Hoje, na maioria das sociedades, esse dispositivo não tem mais utilidade. Na verdade, descobriu-se que ele é prejudicial à função saudável do cérebro. Viver num estado de estresse crônico causa exposição prolongada ao hormônio do estresse, o cortisol. Em estudos realizados pelo Dr. Robert Sapolsky na Universidade Stanford, a exposição ao hormônio do estresse resultou em um visível encolhimento do hipocampo, área do cérebro associada à memória e ao aprendizado.[3] Veja a seguir algumas técnicas comprovadas de redução do estresse:

- Divertir-se mais
- Rir mais
- Praticar exercícios físicos regularmente
- Fazer aulas de ioga
- Ouvir músicas relaxantes
- Equilibrar trabalho e atividades de lazer
- Falar dos próprios sentimentos com as pessoas
- Dormir mais
- Consumir menos cafeína
- Rezar e realizar outras atividades espirituais

6. Tenha um objetivo de vida ______

Tanto o Estudo de MacArthur quanto o Estudo das Freiras sugerem uma forte correlação entre o fato de se ter um propósito na vida e a capacidade de se manter o vigor mental e envelhecer em boas condições. Ter um objetivo de vida é envolver-se ativamente em trabalhos significativos. Não importa se a atividade é remunerada ou não. O fundamental é que ela faça a pessoa se sentir produtiva e necessária. Uma das menções mais comoventes ao tema é feita pelo Dr. David Snowdon em *Aging with Grace* (Envelhecendo com graça). Trata-se do caso de uma freira idosa que tem uma osteoporose tão grave que é obrigada a se sentar curvada, a cabeça pouco acima dos joelhos. Mas, quando o Dr. Snowdon se aproxima, vê que ela está estofando uma girafa de pano com bolas de algodão para a venda de artesanato no feriado e, ao mesmo tempo, fazendo brincadeiras com as outras irmãs.

7. Viva com paixão ______

O Dr. Gene Cohen, autor de *The Creative Age* (A idade criativa), diz que os anos da velhice podem ser os melhores. Refere-se a um "estágio de liberação" que muita gente na casa dos 60 ou 70 anos sente.[4] Livres dos fardos financeiros e emocionais envolvidos na criação da família, os idosos podem então correr atrás das suas paixões. Eles usam essa nova sensação de liberdade interior para pintar, escrever ou criar programas sociais. Alguns exemplos de pessoas famosas que correram atrás das paixões na segunda metade da vida:

- Albert Einstein – após ganhar o Prêmio Nobel de Física aos 42 anos, tornou-se ativista político e manteve-se em campanha contra as armas atômicas até morrer, aos 75 anos.
- Nelson Mandela – foi eleito presidente da África do Sul aos 76 anos.
- Giuseppe Verdi – esse compositor italiano produziu sua maior obra, *Otelo*, aos 74 anos, e a ópera final, *Falstaff*, aos 80.

8. Cultive relacionamentos sociais

Tanto no Estudo de MacArthur quanto no das Freiras, os relacionamentos sociais parecem constituir um importante fator quando se trata de viver mais e com mais saúde. Já se sabe há algum tempo que o isolamento é um poderoso fator de risco para problemas de saúde, depressão e suicídio. Como observam John W. Rowe e Robert L. Kahn em *Successful Aging* (Envelhecendo em boas condições): "O ser humano não foi feito para viver sozinho. Conversar com outras pessoas, tocá-las e relacionar-se com elas é essencial ao nosso bem-estar." Em *Aging with Grace*, o Dr. David Snowdon cita "o casamento, a filiação a um clube ou organização social, a freqüência à igreja e o contato regular com amigos e familiares" como fatores positivos de compromissos na vida.

9. Viva uma vida de aprendizado

O aprendizado é o principal construtor do cérebro. A rotina inflexível, por sua vez, é o maior elemento de estagnação desse órgão. Estudos mostram que os adultos mais velhos que cursaram níveis mais altos da educação formal construíram mais reservas cognitivas do que aqueles que permaneceram nos níveis mais baixos. No entanto, seja qual for o nível de escolaridade ou grau de instrução de uma pessoa, nunca é tarde para quebrar a rotina e criar novas oportunidades de aprendizado. Para um cérebro mais saudável, faça disso uma missão de toda a vida.

Trinta formas de brincar com o cérebro

O aprendizado pode ocorrer tanto em cenários formais de sala de aula e de conferências quanto nas experiências da vida diária. Veja a seguir 30 formas de tornar novos aprendizados e novas experiências parte do cotidiano.

1. Toda semana aprenda o nome de um atendente diferente em seu banco. Continue até saber o nome de todos eles de cor.
2. Sempre que sair para jantar, tente memorizar as promoções anunciadas no cardápio. No dia seguinte, fale sobre elas com um amigo.
3. Escolha diariamente uma pessoa, um lugar ou algo para observar em todos os detalhes. Estude o objeto escolhido bem de perto. Mais tarde no dia, tente se lembrar dele desenhando-o da forma mais completa possível.
4. Procure se recordar dos títulos de todos os filmes atuais elogiados pelos críticos de cinema. Transmita essas informações aos amigos.
5. Tente executar todas as tarefas do dia ou fazer as compras do supermercado sem usar uma lista.
6. Leia diariamente uma matéria numa revista ou jornal. Quando acabar, escreva os três ou quatro pontos principais sobre o assunto.
7. Ouça as notícias no rádio do carro ou na televisão pela manhã e à noite. Conte a notícia que mais lhe interessou a um amigo.
8. Escolha um novo gênero de leitura. Se sempre lê ficção, opte por um título de não-ficção da próxima vez.
9. Selecione uma frase numa revista ou num jornal. Crie uma nova sentença usando as palavras originais.
10. Leve um amigo ao cinema. No dia seguinte, fale sobre o filme com outro amigo. Conte a trama geral e diga o nome dos artistas.
11. Aprenda uma nova palavra todos os dias. Descubra um modo de usá-las nas conversas do dia.
12. Treine a concentração com um jogo de baralho. Vire as cartas para baixo na mesa. Escolha duas de cada vez. Se saírem casadas, afaste-as. Se não, coloque-as de volta viradas para baixo em sua posição original. Continue até não haver mais cartas para combinar. Observe quanto tempo isso lhe toma. Na semana seguinte, veja se consegue ser mais rápido.
13. Compre um quebra-cabeça. Junte as peças o mais rápido possível. Anote o tempo que leva fazendo isso. Na semana seguinte, faça isso de novo. Tente superar o tempo anterior.
14. Crie miniexperiências que aumentem sua capacidade de percepção. Por exemplo, peça a um amigo que coloque objetos de diferentes

tamanhos, formas e texturas no chão. De olhos fechados, procure identificá-los apenas pelo toque.

15. Quando comer num restaurante sofisticado, peça um prato que nunca provou antes. Procure adivinhar os ingredientes e temperos. Depois pergunte ao garçom se acertou.
16. Quando estiver conversando com alguém, não se limite a esperar por sua vez de falar. Ouça com atenção o que a pessoa diz e sintetize os pontos principais para ela.
17. Mantenha um "diário de agradecimentos". Todos os dias escreva os fatos positivos que lhe aconteceram. Diga "obrigado" às pessoas que tornaram esses acontecimentos possíveis.
18. Escolha um novo gênero de música. Se está habituado a ouvir MPB, procure escutar música clássica durante um dia. Depois, use a internet para aprender fatos interessantes sobre esse novo gênero.
19. Observe quanto tempo você leva para memorizar a letra de uma música popular no rádio. Na semana seguinte, escolha outra música e esforce-se para superar o tempo anterior.
20. Abra os sentidos para o mundo que o cerca. Quando sair para um passeio, ouça todos os sons em volta. Ao chegar em casa, anote os diferentes sons que escutou.
21. Assista atentamente ao pôr-do-sol. Note como o céu se modifica e as cores mudam.
22. Compre massa de modelar usada para trabalhos infantis. Esculpa um vaso ou um animal.
23. Escove os dentes com a mão não dominante.
24. Tome um caminho diferente ao voltar do trabalho. Saia numa aventura sem nenhum destino em mente.
25. Desmonte alguma coisa e torne a montá-la.
26. Faça uma nova planta baixa. Dê outra disposição aos móveis de um dos cômodos da casa.
27. Exercite o cérebro com jogos de agilidade mental na internet.
28. Invente uma receita a partir do nada.
29. Vá a uma loja de brinquedos. Seja mais uma vez uma criança. Percorra os estandes e veja os novos jogos e engenhocas. Compre um brinquedo de exercício cerebral.
30. Antes de se deitar, repasse o dia na cabeça. Tente se lembrar dos acontecimentos-chave em ordem contrária.

Plano de Ação do Estilo de Vida Cérebro em Forma

A esta altura, você deve ter muitas idéias e boas intenções para fazer do bem-estar cerebral parte da sua estratégia antienvelhecimento. A transformação desses projetos em ação exige um plano. O Plano de Ação do Estilo de Vida Cérebro em Forma pode ajudá-lo nessa tarefa. Seus elementos básicos incluem: a) intenções ou metas, b) ações a realizar, c) obstáculos e/ou ajuda necessária, d) tempo destinado à realização, e) resultados alcançados. Siga os passos no Processo de Planejamento de Ação para completar a Tabela de Planejamento de Ação na página 266.

Processo de Planejamento de Ação

Para criar seu Plano de Ação do Estilo de Vida Cérebro em Forma, oriente-se pelos passos a seguir para preencher a Tabela de Planejamento de Ação apresentada na página 266.

1. **Escolha as metas**
   Para preencher a coluna A, selecione como foco de suas metas dois ou três fatores de avaliação do Estilo de Vida listados nas páginas 258 a 261. Opte por fatores dos quais gostaria de cuidar melhor. Converta-os em metas específicas. Imagine, por exemplo, que escolheu *Mantenha-se fisicamente ativo*. A meta específica poderia ser *Comece um programa de caminhada diária*.

2. **Identifique os passos para a ação**
   Na coluna B, você vai relacionar os passos para a ação. São coisas que fará para alcançar a meta. Uma forma de organizá-los é dividi-los nestas três categorias:

Começar a fazer	Vou começar um programa de caminhada com amigos. Vamos andar com passo rápido três vezes por semana durante 20 minutos a cada dia.
Parar de fazer	Vou reduzir a quantidade de tempo que passo sentado assistindo à TV.
Continuar a fazer	Vou continuar a fazer exercícios abdominais.

3. Identifique os obstáculos e/ou a ajuda necessária

No mundo real, muitas coisas interferem em nossas boas intenções. Às vezes esses obstáculos são de natureza física – por exemplo, talvez você precise de transporte especial para chegar ao local de realização de um curso. Em outros casos são de natureza emocional – por exemplo, pode ser que você dependa de alguém que o encoraje a permanecer no caminho certo. Chamamos essas pessoas de "amigos do Plano de Ação". Na coluna C, anote as barreiras que vai enfrentar e/ou a ajuda de que vai precisar.

4. Determine um tempo para avaliar seu progresso

Estipular um tempo específico para se dedicar à conquista das suas metas cria uma sensação de urgência e compromisso. Dentro desse tempo, estabeleça um período para a avaliação do progresso em direção aos seus objetivos. A que intervalos você verificará seu progresso por si mesmo, com seu médico e/ou com seu amigo do Plano de Ação? Se estiver seguindo um programa de caminhada, talvez seja bom avaliar o progresso semanalmente. Caso esteja se dedicando a controlar seu nível de colesterol, poderá se submeter a exames com intervalos de poucos meses. Na coluna D, anote os tempos destinados a essas "conferências".

5. Registre o resultado

Os resultados podem ser registrados de diferentes maneiras: como números quantitativos ("Perdi 3kg nos últimos quatro meses"), como um aumento ou uma diminuição de certos tipos de atividades ou ações ("Parei de comer alimentos gordurosos" ou "Estou aprendendo a usar o computador") e como relato de melhores sensações ("Meus amigos estão dizendo que pareço mais bem-disposto"). Na coluna E, anote os resultados positivos que tem alcançado.

6. Comemore o progresso

O reconhecimento e as recompensas são partes importantes da motivação. Não deixe de comemorar os sucessos. Quando atingir uma meta do Estilo de Vida, faça algo realmente agradável para si mesmo. Você merece!

7. Renove as metas

Continue a criar metas de crescimento pessoal. Aumente o nível de exigência em uma meta atual ou escolha uma nova entre os fatores de Avaliação de Estilo de Vida.

Planejamento de ação

A. Meta	B. Passos/ação	C. Obstáculos/ajuda	D. Tempo estipulado	E. Resultado

Mantendo-se no circuito Cérebro em Forma

Há várias coisas que você realizou nas semanas anteriores que o ajudarão a manter-se no treinamento em circuito do programa Cérebro em Forma. Suas realizações incluem:

1. Conclusão do plano de exercícios do programa Cérebro em Forma.
2. Aprimoramento da memória e da agilidade mental com os exercícios semanais.
3. Avaliação dos ganhos de memória.
4. Avaliação do Estilo de Vida Cérebro em Forma.
5. Criação do Plano de Ação do Estilo de Vida Cérebro em Forma.
6. Aprendizado de importantes questões de saúde nas colunas de aconselhamento do Dr. Cérebro em Forma.

Como disse George Burns: "Só porque envelhecemos não significa que temos que ficar velhos." Ao contrário de qualquer outra geração antes de nós, recebemos um programa que nos permite manter o cérebro em forma e envelhecer com qualidade de vida. A escolha é nossa. Opte por cultivar um cérebro saudável.

Soluções

Agilidade mental

1. 28 (some 1 a mais do que na operação anterior).
2. George (um dos quatro Beatles).
3. Forma b.
4. 1 milhão (potências de 10).
5. Forma b.
6. 26 minutos e 15 segundos (metade da quantidade do tempo anterior).
7. Forma b.
8. J (letras seguidas do alfabeto com linhas curvas).
9. Forma a.
10. da (toda segunda palavra do Hino da Bandeira).

Notas bibliográficas

Capítulo um

1. Will Block, "Galantamine Suppresses Brain-Cell Suicide", revista *Life Enhancement*, fevereiro de 2004, http://www.life-enhancement.com/LE/article_template.asp?ID=912.
2. Dr. Gary Small. *The Memory Bible: An Innovative Strategy for Keeping Your Brain Young*. (Nova York: Hyperion, 2003), 2.
3. Monika Guttman, "The Aging Brain", *USC Health Magazine*, 18 de novembro de 2003, http://www.usc.edu/hsc/info/pr/hmm/01spring/brain.html.
4. Elizabeth Gould, "Study: Brain Regenerates Cells", *Newsweek* (18 de fevereiro de 2003): 12.
5. Kornack e Rakic, "Spotting New Brain Cells", *Newsweek* (18 de fevereiro de 2002): 00.
6. Dr. Richard Restak. *Mozart and the Fighter Pilot*. (Nova York: Three Rivers Press, 2002), 15.
7. http://www.preweb.com/releases/2002/9/prweb47048.htm.
8. Fergus Craik, "Thanks for the Memories", *Newsweek*, primavera/verão de 2001: 55.
9. Small, *The Memory Bible*, 9.
10. Informações on-line sobre a Alzheimer's Foundation of America em http://www.alzfdn.org/ ou telefonando para 1-866-232-8484.
11. Dr. D. P. Devenand. *The Memory Program*. (Hoboken: Wiley, 2001), 16-18.
12. Memory Assessment Clinic, Bethesda, Maryland. http://www.healthcentral.com/cooltools/ct_mental-health/ct_memory-quiz.cfm.
13. Algumas das perguntas do teste sobre o conhecimento do cérebro foram extraídas de fontes da Web, entre as quais: Education at Bristol (http://www.at-bristol.org.uk/Education/nesta/brain.htm), Brain Connection (http://www.brainconnection.com/library/?main=explorehome/brain-facts) e Enchanted Learning (http://www.enchantedlearning.com/subjects/anatomy/brain/Neuron.shtml).

Capítulo dois

1. "Mild Cognitive Impairment", no website da Universidade da Califórnia, São Francisco: http://memory.ucsf.edu/Education/education_mci.html.
2. Kathryn Wetzel, ph.D. e Kathleen Harmeyer, MS. *Mind Games: The Aging Brain and How to Keep It Healthy*. (Albany: Delmar, 2000), 105-106. O quadro foi extraído desse livro e é usado com permissão.

3. Anne Underwood and Russell Watson, "Mind, Moods, and Stress: Thanks for the Memories". Edição especial da *Newsweek* (verão/outono de 2001), p. 56. Conceito do exercício de Sarah Reusing, ph.D., Universidade Johns Hopkins.
4. Ibidem.
5. Adaptado de Neuro Gym, Universidade do País de Gales, Bangor: http://bangor.ac.uk/~mas009/neurogym/exercises/numbers.htm.
6. "Models of Human Memory", School of Psychology, Universidade Massey, Nova Zelândia: http://evolution.massey.ac.nz/assign2/AY/pagel.html.

Capítulo três

1. Trecho de *O velho e o mar*, de Ernest Hemingway, reproduzido com permissão de Scribner, edição de Simon & Schuster Adult Publishing Group. Copyright 1952 de Ernest Hemingway. Copyright renovado (c) 1980 por Mary Hemingway.
2. T. S. Eliot. "Preludes", primeira estrofe. Publicado pela primeira vez em *Blast* (julho de 1915). Republicado por Donald Gallop em *T. S. Eliot: A Bibliography* (Londres: Faber and Faber, 1969): A1, C19. Poema originalmente publicado no primeiro livro de Eliot, *Prufrock and Other Observations* (Londres: The Egoist, 1917): 24-26.
3. George A. Miller. "The Magical Number Seven Plus or Minus Two: Some Limits on Our Capacity for Processing Information", *Psychological Review* (63), pp. 81-97.
4. O estudo está num artigo interativo da CNN na URL http://www.cnn.com/HEALTH/9808/19/stress.memory/.
5. Randolph E. Schmid. Associated Press, "Stress Linked to Forgetfulness", *Boston Globe* (29 de outubro de 2004) p. A-4.

Capítulo quatro

1. Allen D. Bragdon e David Gamon, ph.D. *Use It or Lose It*. Conceito adaptado de *Use It or Lose It: How to Protect Your Most Valuable Possession*, de Allen Bragdon e David Gamon. (South Yarmouth: Allen D. Bragdon Publishers, Inc., 2000): 40-47.

Capítulo cinco

1. "Ginko Biloba", website da Universidade de Maryland, http://www.umm.edu/altmed/ConsHerbs/GinkgoBilobach.html.

Capítulo seis

1. Dr. Philip Norrie, "The Magic-Ol Resveratol", *Alcohol in Moderation Digest* (21 de março de 2005): http//www.aim-digest.com/gateway/pages/general/articles/antiox/resver2.htm.
2. American Academy of Anti-Aging Medicine, "Red Wine Molecule May Protect Brain from Alzheimer's", http://www.worldhealth.net/p/230,4937.html. Divulgado pela primeira vez em www.ruetershealth.com (31 de dezembro de 2003).

Capítulo sete

1. Dr. David Snowdon. *Aging with Grace: What the Nun Study Teaches Us about Leading Longer and more Meaningful Lives.* (Nova York: Bantam, 2002) 177-180.
2. Donald R. Hall, Dr.Ph, CHES, e Paula J. Wart, "B Vitamins Help Memory", HEALTHPlus Health and Wellness, Universidade Vanderbilt, http://vanderbiltowc.wellsource.com/dh/Content.asp?ID=1625 (3 de agosto de 2004).

Capítulo oito

1. Sharon Begley. "Scans of Monks' Brains Show Meditation Alters Structure, Functioning", *Science Journal* (5 de novembro de 2004): http//:home.att.net/~meditation/monks.brains.html.

Capítulo nove

1. K. Warner Schaie. "Developmental Influences on Adult Intelligence: The Seattle Longitudinal Study". (Oxford: Oxford University Press): 0195156730, 1999.
2. Richard Restak, M. D. *Mozart's Brain and the Fighter Pilot.* (Nova York: Harmony Books, 2001): 88.

Capítulo dez

1. The Study Skills Help Page, da Dra. Carolyn Hopper, Coordenadora de Estratégias de Aprendizado no Developmental Studies Department, Middle Tennessee State University. http:/www.mtsu.edu/~studskl/hd/hemispheric_dominance.html.
2. Senior Health, http://seniorhealth.about.com/library/weekly/aa121801a.htm (resumindo um estudo da Universidade do Arizona, publicado em *Psychological Science*, 2002).
3. "Caffeine Boosts Memory in Older Adults", Reuters Health, Prevent Disease.com, http:/preventdisease.com/news/articles/caffeine_boosts_memory_in_adults.shtml.
4. "Putting Caffeine on Skin Lowers Risk of Cancer in Lab Mice", Health and Behavior, *USA Today*, http://www.usatoday.com/news/health/2002/08-26-caffeine_x.htm.

Capítulo onze

1. http://www.lotsofjokes.com/cat_359.htm.
2. Christie Aschwanden, "A Walk a Day Keeps the Brain OK", SAGE News & Views, 22/3/04, http://www.sagecrossroads.net/Default.aspx?tabid=28&newsType=ArticleView&articlcled.
3. "Stress and the Brain", http://www.brainconnections.com/topics/?main=fa/zebras.
4. Dr. Gene Cohen, M.D., ph.D. *The Creative Age.* (Nova York: HarperCollins, 2000.)

Informações sobre os próximos lançamentos

Para receber informações sobre os lançamentos da Editora Sextante, basta cadastrar-se diretamente no site www.sextante.com.br

Para saber mais sobre nossos títulos e autores, e enviar seus comentários sobre este livro, visite o nosso site www.sextante.com.br ou mande um e-mail para atendimento@esextante.com.br

Editora Sextante
Rua Voluntários da Pátria, 45 / 1.404 – Botafogo
Rio de Janeiro – RJ – 22270-000 – Brasil
Telefone (21) 2286-9944 – Fax (21) 2286-9244
E-mail: atendimento@esextante.com.br